# 激動する時代に活きる保険
— 保険商品・販売チャネル・事業組織の変革 —

石田成則・安井敏晃・田中　隆［編著］

神田恵未・山本祥司・永野博之・前田秀樹［著］
泉　裕章・菊池直人・清水耕一

税務経理協会

# は　し　が　き

　わが国は，2008年から人口減少社会を迎え，総人口も労働力人口も減少している。同時に長寿化も一層進んでいる。それにより社会保障財政が圧迫され，年金や医療などの給付が切り下げられる一方で，若年世代を中心に可処分所得が伸びずに老後に向けた資金準備が困難になっている。こうした事態に，働き方の多様化や非正規従業員の増加，単身世帯の増加などが拍車をかけている。公的給付の充実に明確な限界がみえているなかで，若年世代を中心に生活余力を失い，私的保障の活用や民間保険への加入も停滞している。こうした企業や家計を取り巻く経済環境の変化によって，民間保険の需要も大きく影響を受けている。

　一方，供給側である保険事業を取り巻く環境については，既存市場の飽和化，内外の会社間競争の激化，そして保険法の改正を含む規制や監督体制の見直しが行われている。とくに1996年以降四半世紀に渡り，業態間の規制緩和が断続的に行われている。また近年では，金融分野における決済革命やITを活用した販売面のオムニチャネル化など，インシュアテックの影響も大きい。それにより，保険引受け，保険料率の決定，商品開発，資産運用からバックオフィス業務まで変革が進展している。金融・保険事業は装置産業と称され，近年もそのICTシステム面での技術革新は目覚ましい。とくに21世紀に入りその技術進歩は加速され，金融とICT（Information and Communication Technology）の融合化からフィンテック（FinTech）という造語が登場し，また保険事業についてもインシュアテック（InsurTech）が注目されている。保険会社がインシュアテックを導入する目的には，AI（Artificial Intelligence）やRPA（Robot Processing Automation）の活用による内部業務の効率化を通じた取引費用（付加保険料）の軽減と，保険販売面における消費者である契約者の利便性を高めることで付加価値を付けることにある。

　従来から，保険商品の販売では営業職員や代理店の役割が重視され，対面販

*1*

売が中心をなしていた。インターネットや携帯端末を通じた情報提供は，あくまでもこうした販売ルートを間接支援するツールに過ぎなかった。しかし，欧米諸国，そしてわが国でも一部では，インターネットや携帯端末を通じて情報提供から契約締結までを完結する仕組みが整いつつある。保険商品の設計面でも，情報端末を活用した「料率細分化型保険」，「引受基準緩和型保険」やカスタムメイド型の保険が登場し，契約者に向けた価格訴求力を強めている。ユビキタス保険の実現であり，より手軽に手数料も安くなるために，時間コストも含めた取引費用が軽減されることになる。ただし，保険商品は金融商品のなかでもその仕組みは複雑であり，インターネットや携帯端末を通じた販売には適さず，安易な契約が安易な解約を呼ぶことやモラル・リスクを誘発することも指摘されてきた。また，保険契約者間のデジタルデバイドの危険性もある。

　そこで本書では，保険会社を取り巻く環境変化とそれに応じたインシュアテックなどを通じた事業変革を素描するとともに，それが個別契約者の利益と保険経営組織に及ぼす影響を考察する。一方で，経営環境変化のなかでも，需要側の要因として，契約者評価のあり方の変化や，モラル・リスクとしての保険犯罪や不正請求に関する課題を取り上げる。併せて，保険契約者の権利保護について考察するために，保険金受取人変更のあり方や，疾病保険の保険金支払いの安定性を議論している。

　ここでは，各章を要約しながら，概要を説明していく。

　**第1章**「インシュアテックの進展と損害保険業界への影響」では，フィンテック，インシュアテックの進展状況を説明するとともに，スタートアップ企業を取り上げて，その事業内容と資金の調達状況を紹介している。インシュアテックの具体的内容としては，人工知能（AI），機械学習，RPA等の活用が保険業務の効率化を促すだけでなく，契約者（顧客）体験を向上させることをメリットとして挙げている。

　とくに，前者については，ビッグデータを活用したターゲットを絞ったマーケティングの展開，同じくビッグデータ分析による契約者（顧客）の利便性向上を目指すリアルタイムサポートの実施，そしてシームレスな苦情処理や保険

金支払いに技術革新の特徴を見出している。後者については，販売プロセスにおける新規サービスの展開，苦情データの適切な活用，そして不正請求探知の正確性向上と査定業務の迅速化にともなう効果を指摘している。

スタートアップ企業の事例紹介から，わが国保険業界への示唆が得られるとしている。まず，保険業務の製販分離により，手続きや請求がHPや携帯上のアプリを通じて可能になる点を挙げる。続いて，センサーテクノロジーを活用することで，契約者（顧客）に差別化したサービスを提供できるとしている。

最後に，ブロックチェーンを活用することで決済がより容易になることや，スマートコントラクトにより業務遂行の自動化が実現できるだけでなく，支払サービスなどの透明性が高まり信頼性が向上する点を指摘している。こうした示唆を受け，わが国の損害保険会社がインシュアテックを取り込んで，新たな経営戦略を展開している様子を整理し，併せてその課題を指摘している。保険会社とスタートアップ企業の連携による効果を重視する一方で，組織間での情報のやり取りの安全性確保とサイバー攻撃への対応を喫緊の課題としている。

**第2章**「X-Techにおける生命保険企業とイノベーション創出」では，主にフィンテック，インシュアテックが，生命保険会社の組織形態に及ぼす影響を論述している。まず，IAISが指摘する技術革新下の将来シナリオを整理しながら，生命保険事業のアンバンドリングと新たな業務委託関係が生じることを予見している。とくに，X-TechとされるICT産業を含む多様な業種で，バリューチェーン要素の分離と再結合が生じ，金融業界だけでなく，医療・ヘルスケア業界での垣根が下がるとしている。そして，契約者情報の収集と解析能力に長けている巨大ITおよびプラットフォーム企業との競合が激化することを指摘している。その主戦場としての医療・ヘルスケアの領域では，保険業界において新機軸の商品やサービスが展開されている。こうした商品やサービスにビッグデータが活用されている限り，保険料の決定などの主要業務が巨大ITおよびプラットフォーム企業に収奪される危険性は高いとしている。

迎え撃つわが国の生命保険会社は，イノベーションにおいて自前主義を重視してきた。また，その組織的特性として，大手会社を中心に機械的官僚制がと

られてきた。しかし，今後の競合や競争を通じては，従来型のクローズド・イノベーションからオープン・イノベーションに転換することが重要であるとしている。後者は，会社内部と外部のアイディアを有機的に結合させ，価値を創造することに提要があるとする。また，オープン・イノベーション実現のために，それに適合的な既存研究組織のスピンオフやアドホクラシーを要するとしている。そのため，生命保険会社が疑似官僚制組織である限りは，現在進行形のイノベーションに的確に対処できない点を危惧している。結論として，現在萌芽しつつある保険会社の新組織を紹介しながら，オープン・イノベーションを促進する経営組織への転換を提言している。

　**第3章**「「生命保険に関する全国実態調査」にみる顧客満足度の実態－チャネル満足度に着目して－」では，生命保険文化センターが実施している「生命保険に関する全国実態調査」を活用して，契約者（顧客）満足度の時系列推移とその要因を分析している。こうした満足度が契約チャネルに左右されることから，そこに着目して4つの契約者（顧客）グループに区分している。契約チャネルを「受動加入」と「能動加入」に分けて，現在の加入方法と将来的に望む加入方法に応じて，「受動加入受動希望」「受動加入能動希望」「能動加入受動希望」「能動加入能動希望」の4類型として，類型ごとの特徴を探る分析を展開している。このような分析方法に，従来にない新規性と独自性が認められる。考察の結果として，まず，4タイプ別の満足度の時系列推移を2006年調査から2021年調査まで検証している。「受動加入受動希望」タイプと「能動加入能動希望」タイプは満足度スコアが25％から35％であるのに対して，「受動加入能動希望」「能動加入受動希望」の両タイプでは10％から15％と顕著な格差がみられた。つぎに，情報収集程度や比較経験にも明らかな相違がみられ，能動加入タイプで顕著に高くなっている。ただし，比較経験が満足度向上に直結する状況でないことも指摘している。

　最後に，その満足度の要因を探ると，能動加入タイプで希望条件や商品内容が重視され，受動加入タイプでは定期訪問や迅速な手続きへの満足度が高く，それぞれのニーズに則して満足要因が異なるとしている。結論として，①加入

経験を通じても生命保険に関する知識が高まっていないことが不満足要因になっていること，②商品満足度もチャネル満足度に左右される傾向にあること，③今回は能動的に加入しても将来は受動加入を望む層にとって，情報収集の困難さや提供された情報のわかりにくさが障壁になっている可能性があること，以上を明示している。こうした結論は，今後の生命保険販売に大きな示唆を与えるものである。

**第4章**「人保険のモラル・ハザード－不正請求へのアプローチ－」では，人保険におけるモラル・ハザードを取り上げ，経済学と保険学における概念の相違を確認するとともに，事象に応じた用語の使い分けを提案している。従来から，保険学では，モラル・ハザードとモラール・ハザードを分け，前者を道徳的危険，後者を不注意危険などと称してきた。一方，経済学では，こうした区分を行わずに，保険加入によって事後的に事故発生確率が上昇する現象をモラル・ハザードとしてきた。加えて，保険市場における情報の非対称性から，危険分類と保険料率区分が不十分であれば，高いリスク者がより多く保険加入を望み，低いリスク者が過少に保険に加入することを問題視してきた。こうした状況が継続すると，高いリスク者のみが保険に加入し，事後的な保険料率が上昇し，禁止的高額になる結果，保険市場は失敗する（成立しなくなる）とされてきた。

本章では，契約当初から不正請求の意図をもって保険加入することも，広い意味でモラル・ハザードと捉える。併せて，逆選択の現象も一種のモラル・ハザードと把握できるだけでなく，それをモラル・リスクとして一括して認識すべきとしている。事前の加入意図を把握することは難しいものの，確かに事故率1の高リスク者，ないしは保険犯罪予備軍の存在は極端な逆選択現象と捉えられる。従来の保険経済学は，市場のワーキングを重視しマクロ的な視点に立つものの，個別の契約者の視点に立てば，確かに一部の高リスク者はモラル・リスクを生じさせる主体と捉えることはできる。結論として，免責条項や自己負担などのモラル・リスク（逆選択）を予防する方策についても，包括的に仕組んでいく重要性を指摘している。

また，健康増進型の医療保険では，加入者が健康管理に努めることで事後的に疾病確率が変化することになるものの，これをモラル・ハザードと称することはおかしく，当然のことながらモラール・ハザードにも該当しない。さらに，保険金の不正請求を想定すると，事後的なモラル・ハザードと契約当初から悪意がある逆選択（保険事故の発生確率が1になるケース）を区分することも意味がなくなってしまう。こうした点から，モラル・ハザードとモラール・ハザード，そして逆選択も含めた用語整理をすることで，伝統的保険学と経済学の橋渡しを試みるとともに，より効果的な不正請求の予防策を策定できることを強調している。

　第5章「経営者保証に関するガイドラインと中小企業の対応」では，中小企業の資金調達のあり方を経営者保証の視点から整理するものである。保険も含めた金融市場のあり方を考察するうえで，融資・資金提供の効率性を分析することは不可欠である。

　本章では，中小企業に対象を絞って論述するものである。具体的には，金融庁は2013年に「経営者保証に関するガイドライン」を公表し，随時，そのあり方を見直してきた。経営者保証には功罪があり，まずそれを理論的に整理し，併せて公表されたデータを活用して，政府系金融機関と信用保証協会を通じた民間金融機関による実態を探っている。

　つぎに，公表された資料に基づいてガイドライン策定前後の変化を考察している。本文中の図表に示されているとおり，貸出先を政府系金融機関と信用保証協会（民間金融機関）に区分すると，前者については経営者保証に依存しない新規融資割合は経年で確実に増加している一方で，後者についてはコロナの影響もあり横ばい状況である。また，ガイドラインに基づく債務整理は確実に増加しており，これにより経営者の負担は軽くなっている。しかし，事業継承のケースで，前経営者に信用保証が付いているケースと後継者に信用保証を求める傾向は続いており，円滑な事業継承の障害になっていることが窺えるとしている。

　結論として，「経営者保証改革プログラム」とそのガイドラインを徹底させ

ることで，早期相談の重要性や実状に則した破綻および事業継承への対応策が必要であることを主張している。そのうえで，中小企業の発展と事業継承にとって望ましい融資のあり方を提言している。具体的には，中小企業が財務情報や事業計画などの情報を適宜適切に開示することで，経営の質保証の透明性や信用性を高めるべきとしている。それを受けた金融機関としては，経営者へのインタビュー調査などを踏まえて，それらの情報を的確に評価，そして審査できる態勢づくりが不可欠であると強調している。

第6章「行動経済学からみた保険法の姿と生命保険実務」では，保険法・保険契約法の内容を，行動経済学の観点から検証する，大変意欲的で示唆に富む内容となっている。前半では，行動経済学におけるカギとなる概念が丁寧に説明されている。まず，プロスペクト理論における価値関数と参照点を定義した後に，損失回避性（loss aversion）について説明を加えている。つぎに，限定合理性の概念と関連づけながら，経験に基づく直感的判断を意味するヒューリステックスを解説している。その内容は，代表性ヒューリステックス，利用可能性ヒューリステックス，アンカーリングに分けられる。同時に，限定合理性があるためにその基本的な枠組みによって，行動や意思決定が変化するフレーミング理論（効果）について触れている。さらに，将来に及ぶ意思決定については時間割引が大きく影響すること，また人々の行動や意思決定を緩やかに誘導するためにナッジが効果的であることを解説している。

行動経済学の中心概念を解説したうえで，保険契約における告知義務などの規程を，どのように行動経済学の枠組みにおいて合理的に説明できるか，契約実務に則して検討している。第37条・告知義務，第38条・被保険者の同意，第43条・保険金受取人の変更，第44条・遺言による保険金受取人の変更，第46条・保険金受取人の死亡，第52条・保険給付の履行期，第57条・重大事由による解除，第59条・解除の効力，第60条・契約当事者以外の者による解除の効力等，である。例えば，告知義務については，質問応答義務になったことは行動経済学が指摘する選択過剰負荷問題，すなわち過去の受診歴などを適切に判断できない問題を回避することにつながると評価する。一方で，保険会社が提示

する書面や画面表示内容が多すぎると情報過剰負荷問題が生じ，契約者側に過剰に取捨選択の余地を与えると正常な判断ができない危険性があることを指摘する。

　また，第57条・重大事由による解除において，保険法（改正前商法）では解約返戻金が支払われないのに対して，生命保険約款では支払われるといった相違点があることを疑問視している。この相違を行動経済学の観点から説明することを試みている。仮想的に，家計状況が苦しい保険契約者が，単に解約しても解約返戻金が支払われるものの，被保険者を故殺すると保険金に加えて解約返戻金が得られることから，後者の行動を誘発してしまうことを危険視している。それは，家計が苦しい契約者にプロスペクト理論を当て嵌め，損失局面では危険愛好的になることを危惧するからである。さらに，第60条・契約当事者以外の者による解除の効力等についても，保険金受取人が介入権を行使しなければ，差押債権者は少額の解約返戻金相当額を受け取って契約は終了する。これに対して，加入権を行使する場合には，この少額の金額を支払うことで保険契約を継続することができる。契約を継続すれば多額の保険金を将来的に受け取れるにもかかわらず，目先の支出を回避したいがために契約が終了になってしまう事態を，行動経済学の双曲割引の概念から説明している。このように行動経済学により，現実の保険法による効力を適切に解釈することができることを強く主張している。

　**第7章**「保険金受取人の指定・変更に関する比較法的研究」では，わが国の保険法と，欧米ならびにアジア諸国の立法例を比較しながら，保険金受取人変更権の一身専属性について考察している。重要な論点の１つは，誰が保険金受取人を指定するかである。欧米や日本では，これは保険契約者の権利となっている。ただ欧米では，その変更権は保険契約者の一身専属権であるのに対して，わが国では保険契約者の地位が相続人にまで継承される点に相違がある。

　これに対して，アジア諸国である台湾や中国では，被保険者中心主義のもと，被保険者が契約時点から権利を移転され保険金請求権者となる。そのために，契約者の地位は他人のためにする保険契約のごとくであり，被保険者が保険金

*8*

受取人の指定・変更に関する権利を有することになる。また，その地位は相続されることがないために，被保険者の一身専属権になる。このような相違を比較法の観点から解明し，その背景にある要因について論究している。

**第8章**「疾病保険における不必要入院への対応－ドイツ病院透明化法における医療の質保証（Big Dateの活用）」では，保険法が裁判事例によって洗練される一方で，悪質なモラル事案を注視するあまり保険金請求権者に不合理になっている側面を，ドイツの疾病保険の約款や規約を例示に解説している。取り上げる事例は，「入院」の該当性判断基準に関するものである。入院の必要性については，それが通院治療では不足するとの観点からとられる措置であり，主に主治医が判断している。しかしながら，疾病保険に疾病の定義がないこともあり，被保険者が主治医の判断で入院しているにもかかわらず，客観的・合理的判断かどうかを疑われ，保険給付が受けられないケースがある。

ドイツでは，疾病の診断について医師がより客観的かつ合理的に判断できるような医療の質の評価制度である病院透明化法が2023年10月19日に連邦議会で議決された。そこでは各病院自らが医療の質を確保していることを外部に開示し，それを受けた評価機関がその情報に基づく病院のランク付け，格付けによって，患者にわかりやすく情報を伝達することが企図されている。また，疾病の静的概念から，動的概念へと変更がなされ，発病はしていないが入院が必要であるケースがありうる点にも配慮が求められている。そこで単に，主治医が判断することを越えて，病院透明化法により入院の必要な疾病をより客観的かつ合理的に判断できることが重要であると指摘する。これによって，入院した患者（被保険者）が保険給付を受けられない事態を回避することができ，疾病保険による保険金支払いの有無がより安定的になることを結論付けている。


本書の契機は，中四国の大学に所属する大学教員が3か月に1回程度実施していた研究会にある。2010年頃から，当時の姫路獨協大学の田村祐一郎先生と広島修道大学の藤田楯彦先生に音頭をお取りいただいて始めたものである。各先生が所属する大学を順番に巡りながら，これも当時の若手・中堅研究者が研

究報告し，切磋琢磨を繰り返してきた。懇親会の席では，両先生のご高話を拝聴することが楽しみでもあった。当時からは約15年ほど経過しているが，数年前からは研究成果を本書に纏めることを１つの目標に，研究会会場を固定して研鑽を積んできた（なお，最近の研究会開催の経緯は末尾に纏めている）。

　執筆者一同，両先生の変わらぬご指導とご鞭撻への感謝の念とともに，端緒を作ってくださった研究会の成果を世に問うものである。本書が多くの読者を得て，関連するテーマの議論が深まることを希求している。

　最後になりましたが，丁寧な作業によって，本書の刊行をサポートしてくださいました税務経理協会の鈴木利美氏に，厚く感謝申し上げます。

2024月５月30日　編者記す

はしがき

# ≪中四国保険研究会　開催経緯≫

第1回　中四国保険研究会
　　　　2018年10月20日（土）開催（於：関西大学　梅田キャンパス）
第2回　中四国保険研究会
　　　　2018年12月15日（土）開催（於：関西大学　梅田キャンパス）
第3回　中四国保険研究会
　　　　2019年2月9日（土）開催（於：関西大学　梅田キャンパス）
第4回　中四国保険研究会
　　　　2019年5月18日（土）開催（於：関西大学　梅田キャンパス）
第5回中四国保険研究会
　　　　2019年9月21日（土）開催（於：関西大学　梅田キャンパス）
第6回　中四国保険研究会
　　　　2020年1月26日（日）開催（於：関西大学　梅田キャンパス）
第7回　中四国保険研究会
　　　　2020年8月8日（土）開催（石田成則教授研究室からのオンライン開催）
第8回　中四国保険研究会
　　　　2021年7月3日（土）開催（於：関西大学　梅田キャンパス，ハイブリッド開催）
第9回　中四国保険研究会
　　　　2021年9月18日（土）開催（於：関西大学　梅田キャンパス，ハイブリッド開催）
第10回　中四国保険研究会
　　　　2022年1月22日（土）開催（於：関西大学　梅田キャンパス，ハイブリッド開催）
第11回　中四国保険研究会
　　　　2022年6月11日（土）開催（於：関西大学　梅田キャンパス）
第12回　中四国保険研究会
　　　　2022年8月29日（月）開催（於：九州産業大学）
第13回　中四国保険研究会
　　　　2022年12月10日（土）開催（於：関西大学　梅田キャンパス）
第14回　中四国保険研究会
　　　　2023年7月15日（土）開催（於：関西大学　梅田キャンパス）
第15回　中四国保険研究会
　　　　2023年9月23日（土）開催（於：関西大学　梅田キャンパス）
第16回　中四国保険研究会
　　　　2024年1月20日（土）開催（於：関西大学　梅田キャンパス）

# 目　　次

は し が き

---

## 第1章　インシュアテックの進展と損害保険業界への影響

はじめに ································································ *1*

### 第1節　インシュアテック市場の動向 ···················· *2*

Ⅰ　インシュアテックとは ································ *2*

Ⅱ　技術の進歩とデジタルトランスフォーメーション ··· *3*

Ⅲ　スタートアップの台頭とインシュアテックへの投資 ··· *5*

### 第2節　インシュアテック企業の事例 ···················· *7*

Ⅰ　ア メ リ カ ········································ *7*

  1　Lemonade ······································ *7*

  2　Metromile ······································ *9*

  3　Oscar Health ··································· *10*

  4　Policygenius ··································· *10*

Ⅱ　日　　　本 ········································ *10*

  1　justInCase ····································· *10*

  2　Warrantee ······································ *11*

  3　hokan ·········································· *11*

  4　iChain ·········································· *12*

Ⅲ　小　　　括 ········································ *12*

### 第3節　保険経営に対するインシュアテックの影響 ········ *14*

Ⅰ　商品・付加価値への影響 ···························· *14*

Ⅱ　マーケティングへの影響 ···························· *15*

  1　デジタルプラットフォームの提供による利便性向上 ··· *15*

|   | 2 | カスタマイズと個別化 ……………………………………… | 15 |
|---|---|---|---|
|   | 3 | リアルタイムサポート ……………………………………… | 16 |
|   | 4 | シームレスな苦情対応 ……………………………………… | 16 |
| Ⅲ | 組織への影響　〜パートナーシップと共同事業 ……………… | | 16 |
|   | 1 | テクノロジープロバイダーと保険会社の提携 ………………… | 16 |
|   | 2 | スタートアップと保険会社の協力 ……………………………… | 17 |
|   | 3 | プラットフォーム提供者との提携 ……………………………… | 18 |

## 第4節　インシュアテックの進展と損害保険業界の課題 …………… 18

| Ⅰ | サイバーセキュリティとリスク管理 …………………………… | 18 |
|---|---|---|
| Ⅱ | パートナーシップをめぐる戦略 ………………………………… | 20 |
|   | 1　差別化戦略と顧客ロヤイティの形成 ……………………… | 20 |
|   | 2　リスク評価と価格設定の精度向上 ……………………… | 20 |
|   | 3　新たな市場セグメントへのアクセス …………………… | 20 |

## お わ り に ……………………………………………………………… 23

## 第2章　X-Techにおける生命保険企業とイノベーション創出

### は じ め に ……………………………………………………………… 25

### 第1節　X-Tech下の生命保険業界・生命保険企業，
### 　　　　それらにおける先行き ………………………………… 26

| Ⅰ | X-Techと薄まる各業界間の壁 ………………………………… | 26 |
|---|---|---|
| Ⅱ | 生命保険業界・生命保険企業とX-Tech下での脅威 ………… | 28 |

### 第2節　X-Tech下における生命保険企業の企業組織と
### 　　　　イノベーション創出 …………………………………… 29

| Ⅰ | 生命保険企業，日本企業における自前主義とイノベーション ……… | 29 |
|---|---|---|
| Ⅱ | 生命保険企業の企業組織とその本来的性質 ………………… | 31 |
| Ⅲ | 生保企業における企業組織，自前主義の問題とイノベーション創出 … | 33 |

2

# 目　　次

### 第3節　X-Tech下での生命保険企業とイノベーションの創出 ……… *36*
　Ⅰ　生命保険企業とオープン・イノベーションの流れ ………………… *36*
　Ⅱ　官僚制組織とそのイノベーション創出 ……………………………… *38*
　Ⅲ　X-Tech時代の生保企業の企業組織とイノベーション創出に向けて … *39*
### むすびにかえて ………………………………………………………… *43*

---

## 第3章　「生命保険に関する全国実態調査」にみる
## 　　　　顧客満足度の実態　－チャネル満足度に着目して－

### はじめに ………………………………………………………………… *49*
### 第1節　分析枠組み ……………………………………………………… *50*
　Ⅰ　実態調査における満足度に関する設問の構造 ……………………… *50*
　Ⅱ　満足度の尺度 ………………………………………………………… *51*
　Ⅲ　サンプルのセグメンテーション …………………………………… *52*
　Ⅳ　分析のステップ ……………………………………………………… *54*
### 第2節　分 析 結 果 ……………………………………………………… *55*
　Ⅰ　第一段階の分析結果 ………………………………………………… *55*
　Ⅱ　第二段階の分析結果 ………………………………………………… *57*
　Ⅲ　第三段階（第一段階・第二段階の結果のまとめ）………………… *65*
### お わ り に ……………………………………………………………… *69*

---

## 第4章　人保険のモラル・ハザード　－不正請求へのアプローチ－

### は じ め に ……………………………………………………………… *71*
### 第1節　モラル・ハザード概念の混乱 ………………………………… *72*
### 第2節　保険論の区分への批判 ………………………………………… *73*
### 第3節　保険論における区分に対するその他の問題 ………………… *78*
### 第4節　経済学によるモラル・ハザードへの疑問 …………………… *79*

*3*

第5節　モラル・リスク …………………………………………… *82*

むすびにかえて …………………………………………………… *85*

---

## 第5章　経営者保証に関するガイドラインと中小企業の対応

はじめに ……………………………………………………………… *89*

第1節　経営者保証の現状と課題 ………………………………… *90*

 Ⅰ　経営者保証のメリットとデメリット ……………………… *90*

 Ⅱ　経営者保証が及ぼす影響 …………………………………… *92*

第2節　経営者保証に関するガイドラインの内容と活用実績 ……… *93*

 Ⅰ　経営者保証に関するガイドライン策定の経過 …………… *93*

 Ⅱ　経営者保証改革プログラム ………………………………… *95*

 Ⅲ　経営者保証に関するガイドラインの概要 ………………… *96*

 Ⅳ　経営者保証に関するガイドラインの活用実績 …………… *97*

  1　経営者保証に依存しない新規融資割合の推移 ………… *97*

  2　政府系金融機関と信用保証協会の実績推移 …………… *98*

  3　政府系金融機関と信用保証協会の実績推移の考察 ……… *102*

  4　民間金融機関の実績推移 ………………………………… *110*

第3節　経営者保証に関するガイドラインの影響と対応 ………… *112*

 Ⅰ　「経営者保証に関するガイドライン」の中小企業への影響 ……… *112*

 Ⅱ　「経営者保証に関するガイドライン」の課題と問題点 ……… *113*

おわりに ……………………………………………………………… *116*

---

## 第6章　行動経済学からみた保険法の姿と生命保険実務

はじめに ……………………………………………………………… *119*

第1節　行動経済学理論の概要 …………………………………… *121*

 Ⅰ　行動経済学とは何か ………………………………………… *121*

目　　次

Ⅱ　行動経済学における４つの主要理論と政策手法としてのナッジ ……*122*
　1　プロスペクト理論 ………………………………………………*122*
　2　限定合理性 ………………………………………………………*124*
　3　時　間　割　引 ……………………………………………………*125*
　4　社会的選好 ………………………………………………………*126*
　5　ナ　ッ　ジ ………………………………………………………*127*

**第 2 節　保険法第 3 章と生命保険実務の考察（試論）**……………*127*
　Ⅰ　第 1 節・成　　　立 …………………………………………………*127*
　　1　告　知　義　務（第37条）……………………………………*127*
　　2　被保険者の同意（第38条）……………………………………*128*
　Ⅱ　第 2 節・効　　　力 …………………………………………………*130*
　　1　保険金受取人の変更（第43条）………………………………*130*
　　2　遺言による保険金受取人の変更（第44条）…………………*131*
　Ⅲ　第 3 節・保 険 給 付，第 4 節・終　　　了 ………………………*132*
　　1　保険給付の履行期（第52条）…………………………………*132*
　　2　重大事由による解除（第57条），解除の効力（第59条）……*134*
　　3　契約当事者以外の者による解除の効力等（第60条）………*137*

**お わ り に　－生命保険実務への示唆－** …………………………*138*


# 第 7 章　保険金受取人の指定・変更に関する比較法的研究

**は じ め に** ………………………………………………………………*143*
**第 1 節　日本法における保険金受取人の指定・変更に関する規定**…*146*
　Ⅰ　保険金受取人の指定 …………………………………………………*146*
　Ⅱ　保険金受取人の変更 …………………………………………………*147*
　Ⅲ　旧商法675条 2 項における保険金受取人変更権の一身専属性 ………*148*
　Ⅳ　保険金受取人の法的地位 ……………………………………………*149*

5

第2節　ヨーロッパ諸国の立法例との比較 ……………………… *149*

　　Ⅰ　ド　イ　ツ ………………………………………………… *150*

　　Ⅱ　フランス ……………………………………………………… *150*

　　Ⅲ　イタリア ……………………………………………………… *151*

　　Ⅳ　小　　括 ……………………………………………………… *152*

第3節　台湾，中国における立法例 ……………………………… *153*

　　Ⅰ　台　　湾 ……………………………………………………… *153*

　　　1　台湾保険法の特徴 ……………………………………… *153*

　　　2　保険金受取人の指定に関する規定 ………………… *155*

　　Ⅱ　中国保険法 …………………………………………………… *157*

　　Ⅲ　小　　　括 …………………………………………………… *158*

おわりに ………………………………………………………………… *159*

---

## 第8章　疾病保険における不必要入院への対応
### －ドイツ病院透明化法における医療の質保証（Big Dataの活用）－

---

は　じ　め　に ………………………………………………………… *161*

第1節　疾病概念の流動性をめぐるドイツの議論の状況 ………… *164*

　　Ⅰ　静的な疾病概念 ……………………………………………… *164*

　　Ⅱ　動的な疾病概念 ……………………………………………… *165*

　　Ⅲ　小　　括 ……………………………………………………… *167*

第2節　病院透明化法 ………………………………………………… *169*

　　Ⅰ　病院透明化法の目的 ………………………………………… *169*

　　Ⅱ　病院透明化法の内容 ………………………………………… *170*

　　Ⅲ　病院透明化法に対する評価 ………………………………… *174*

むすびにかえて ………………………………………………………… *175*

# 第1章
## インシュアテックの進展と損害保険業界への影響

## はじめに

　近年，急速な情報通信とデジタル技術の発展にともない，保険会社の経営戦略においてインシュアテック（InsurTech）は重要な要素となっている。インシュアテックは，ビッグデータやテレメトリクスなどのデータを活用して，保険商品の価格設定やリスク評価を通じて保険業界を変革し，付加価値の高い保険商品やサービスの提供方法を改善することが期待される。

　本章ではまず，損害保険分野におけるスタートアップ企業を対象にインシュアテックの現状とトレンドについて考察する。そして，カスタマーエクスペリエンスの向上について，デジタルプラットフォームやモバイルアプリケーションの開発，顧客データの活用など，インシュアテック企業が顧客に提供する価値最大化を中心に事例研究を踏まえながら究明する。最後に，インシュアテックの影響について，パートナーシップ形成と共同事業の推進ついて組織論の見地から論じる。そして保険の本質論の視点に立ち返って，インシュアテックを中心としたイノベーションが保険の進化にとって何を意味しているかについて考える。

# 第1節　インシュアテック市場の動向

　ここでは，インシュアテック分野の現在のトレンドと将来の予測を調査する。新興企業やスタートアップ，テクノロジーの進歩など，インシュアテック分野で注目されている要素について分析する。

## I　インシュアテックとは

　インシュアテック（InsurTech）とは，インシュアランス（Insurance）とテクノロジー（Technology）を掛け合わせた造語である。それに先駆けて定着したのはフィンテック（FinTech）であり，それは金融（Finance）分野を中心に新しい技術（Technology）が融合されていくことを想定した新たな概念である。FinTechは，米国で2000年代前半に使われ始め，2008年のリーマンショックやスマートフォンの登場，その後のAIやビッグデータを活用した金融サービスを提供するベンチャー企業が躍進することにつれて，定着するようになった。

　日本においては2015年以降，フィンテックの活用に関する検討が金融庁の金融審議会や経済産業省の産業・金融・IT融合に関する研究会にて活発に行われた。その成果をまとめた「日本再興戦略2016」では，金融IT（フィンテック）が成長の柱の1つに位置づけられた[1]。このようなフィンテックの進展は保険分野にも波及し，インシュアテックへの注目が高まるようになった。また，消費行動のデジタル化が確実に進んでいる今日，顧客との接点としてインシュアテックの活用による保険サービスの向上が期待され，保険会社は事業効率性を高めることでシステムコストの削減も達成できるであろう。

　インシュアテックの導入にあたって，損害保険企業はテレマティクス保険をはじめとする商品の開発にも力を入れており，新規参入のハードルも下がってきている。それにより，保険競争の激化がもたらす消費者利益の向上が期待さ

---

(1)　首相官邸HP（https://www.kantei.go.jp/jp/singi/keizaisaisei/pdf/ 2016_zentaihombun. pdf　最終閲覧日2023年5月15日）を参照。

れる反面，保険サービスにおける質の格差による影響も予想される[2]。

# Ⅱ　技術の進歩とデジタルトランスフォーメーション

　デジタルトランスフォーメーション（Digital Transformation，以下DXと略す）とは，企業がビジネス環境の激しい変化に対応し，データとデジタル技術を活用して，顧客や社会のニーズを基に，製品やサービス，ビジネスモデルを変革するとともに，業務そのものや，組織，プロセス，企業文化・風土を変革し，競争上の優位性を確立することである[3]。そこでインシュアテックは，人工知能（AI），機械学習，ビッグデータ分析，自動化などの技術を活用し，保険業務の効率化と顧客体験の向上を図っている。DXやモバイルアプリケーションを通じて，保険商品の比較・購入，苦情処理，顧客サービスなどが容易になった。

　世界最大のコンサルティング会社であるアクセンチュアの調査によると，デジタル化の時代において先進企業は，創造的破壊を通じてイノベーションを促進してきたことがわかった。それは4つの段階（発展期 → 混乱期 → 不安定期 → 長期安定期）を通して長期にわたって行われる。保険業は2018年時点で「混乱期」に位置付けられ，具体的には「強力な創造的破壊者の参入によって，新たな価値の源泉が生まれているため従来の強みが弱みに変わりつつある状態である。ほとんどの企業が中核事業の喫緊の課題解決に取り組む必要がある」期間であると指摘している（【図表1】を参照）[4]。混乱期の主な要因の1つはインシュアテック企業による参入であり，保険事業を変革する可能性のある様々な新興技術と革新的なビジネスモデル，アプリケーションおよびプロセス，または商品をもたらす可能性のある，技術的に可能な金融イノベーションを引き起

---

[2]　石田（2022）は，保険契約者の利便性や選択性，そして加入可能性が高まった反面，不当な差別化や保険商品の過度な多様化の問題も発生する可能性を指摘している。

[3]　経済産業省『デジタルガバナンス・コード2.0』による定義である。

[4]　アクセンチュア調査 "Breaking Through Disruption：Embrace the Power of the Wise Piot"（https://www.accenture.com/jp-ja/insights/consulting/business-disruption-innovation 最終閲覧日2023年5月15日）

こしている。

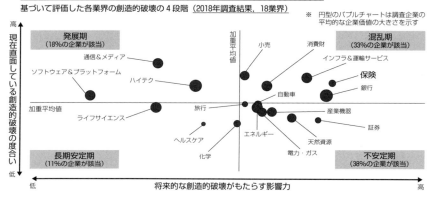

【図表１】 創造的破壊と保険業界への影響

出所：アクセンチュア調査（2018）"Breaking Through Disruption：Embrace the Power of the Wise Piot"

現在，保険業界のAI活用方法は，多岐にわたる。【図表２】で示しているように，保険会社の通常業務全般をめぐるAI技術の汎用は，次のとおりである。①保険商品開発と新サービスへの応用，②マーケティングにおける既存市場の維持拡大や新規市場の開拓，③保険販売における適材適所の配置による契約獲得力の向上，④契約保全管理における苦情分析やデータ分析によるサービスと効率の向上，⑤保険引受における査定基準の精密化・自動化と効率性の向上，⑥保険金支払いにおける自動化や不正請求の探知などによる迅速かつ適正な支払いの実現，⑦代理店管理におけるスコアリングなどによる業績の管理の向上，などが期待される。

そして，保険会社内部の管理において，３つの視点からAI活用が可能である。つまり，①経営や事務管理における自社ブランドの分析や市場の予測など幅広く応用できること，②人事や労務管理の一連における優秀な人材の確保に注力するための応用が可能なこと，③その他，保険会社全体業務の自動化による効率化が図れること，である。

【図表２】　保険業界のAI活用事例マップ

| | 新商品開発／新サービス | マーケティング | 営業 | 契約管理 | 保全 | 引受 | 支払 | 代理店管理 |
|---|---|---|---|---|---|---|---|---|
| **Front** | 健康デバイスを用いた新商品開発 | 広告効果分析 | 特約レコメンド | クロスセル／アップセル | マイページ利用率向上 | 査定基準の見直し | 支払い査定の自動化 | 代理店顧客へのスコアリング |
| | 健康リスク予測 | DM送付効率化 | リードスコアリング | 顧客像把握分析 | 保険証券再発行予兆 | 引受査定精緻化 | 給付金不正請求検知 | 不祥事故検知 |
| | 事故リスク分析 | チャネル別流入効果測定 | 担当者マッチング | 苦情／感謝の声分析 | 保全UI／UXの改善 | 引受査定自動化 | 保険金請求のわかりやすさ改善 | 代理店経営目標シミュレータ |
| | 顧客行動による保険料最適化 | アプリ利用率向上 | 架電時間の最適化 | 苦情分類自動化 | アンケート分析 | 損害査定効率化 | 支払い業務の効率化 | |
| | | ライフイベント発生予測 | 社員属性別販売傾向分析 | LTV分析 | アンケート仕分け自動化 | 事故リスク分析 | 支払いの早期化 | |
| | | | 営業提案支援 | 解約予測／解約要因分析 | コールセンター品質向上 | | 損害請求処理の自動化 | |
| | | 経営／事務 | | | 人事／労務 | | その他 | |
| **Back** | KPI構造最適化 | 広告予算配分の意思決定支援 | ソーシャルリスニング | 人材配置最適化 | 採用効率化 | 離職兆候検知 | 定型業務自動化 | 対話型FAQ |
| | ブランド分析 | 不正経理検知 | 市場規模予測 | 休職兆候検知 | ハイパフォーマー分析 | | | |

出所：https://www.tdse.jp/service/insurance/

# Ⅲ　スタートアップの台頭とインシュアテックへの投資

　インシュアテック分野では，多くのスタートアップや新興企業が登場し，保険業界に新たな競争をもたらしている。これらの企業は，デジタルテクノロジーやイノベーションを駆使し，顧客ニーズに合わせた柔軟な保険商品やサービスを提供している。インシュアテックは，ビッグデータやテレメトリクスなどのデータを活用して，保険商品の価格設定やリスク評価を行っている。

　また，ベンチャーキャピタルや保険会社自体が，インシュアテックスタート

【図表3】 インシュアテック企業の資金調達額の推移

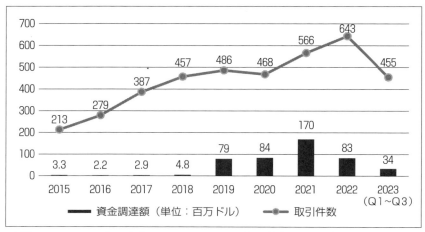

出所：CB Insights（2023）"State of Fintech 2023" に筆者が一部加筆。

【図表4】 インシュアテックの市場価値の推計

（単位：10億ドル）

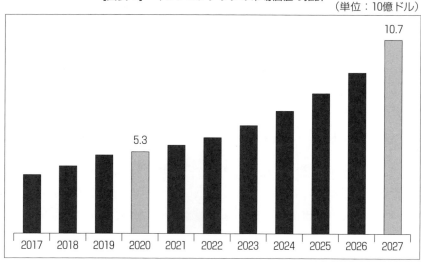

出所：Fintech FinanceのHP。

第1章 インシュアテックの進展と損害保険業界への影響

アップへの投資を行っており，インシュアテックの市場規模は急拡大している。
【図表3】は，2015年から2023年第3期までのインシュアテック企業の資金調
達額の推移である。新型コロナウィルスによるパンデミックが猛威を振るった
期間中にも投資額が拡大し続け，2021年度をピークに減少しているものの，取
引件数はデジタル貸付や銀行などを抑えて1位となっている（2023年度第1～3
四半期の統計）。総じていえば，積極的な投資は，新たな技術やサービスの開発
を促進し，市場の成長を支えているといえる（【図表4】）。

## 第2節　インシュアテック企業の事例

### Ⅰ　アメリカ

#### 1　Lemonade

Lemonadeは，2015年に設立された，ニューヨークに拠点を置くインシュアテッ
クのスタートアップ企業である。同社は，損害保険業の主要なオペレーションに
AIを導入し，透明かつ効率的な経営をすることで注目された。なお，Lemonade
には，ソフトバンクがシリーズC投資で1億2,000万ドル（当時約127億円）を投
資し，大口株主となっている[5]。同社にはほかにも，Googleベンチャーズ，セ
コイアキャピタルなどの著名ベンチャーキャピタルも出資している。Lemonade
は，現在，アメリカの投資家が最も注目する，インシュアテックスタートアッ

---

[5]　リーズC投資とは，スタートアップ企業に対する投資ラウンドの1つである。投資
　　ラウンドとは，スタートアップ企業への投資を行う際の判断指標である。主に，シー
　　ド期・アーリー期・シリーズA・シリーズB・シリーズC・シリーズDの6段階に分
　　けられる。段階順に投資金額が上がっていくイメージで，シリーズCでは黒字経営
　　が安定化しており，IPOやM&A等を通じたイグジットを意識する段階にあり，必要
　　資金規模は数億～数10億の規模になる（https://fintechmagazine.com/crypto/lemonade-
　　reaches-dollar2bn-unicorn-valuation-dollar300mn-funding-round-softbank　最終閲覧日2023
　　年5月20日）。

7

プ企業の１つとなっている。

　Lemonadeのビジネスモデルは，ユニークである。具体的には，集めた保険料を保険会社のお金としてではなく，あくまでも契約者のお金として扱うとしている。月額の保険料を預かり，費用や再保険料を支払い，余ったお金で保険金を支払う。保険金が請求されれば契約者に支払いを行い，請求されなければレフトオーバーとして処理される。処理されたお金は毎年ギブバックされ，チャリティ団体などへ寄付される。保険金の支払額がプールされたお金を上回った際は，再保険を請求して補填する。お金が余っても余らなくても，契約者がプールしたお金として処理される。透明で公平，そして効率的な同社の経営は，保険の原点である相互扶助の仕組みを応用した古くて新しい保険会社のビジネスモデルといえる。Lemonadeによると，契約者から集めた保険金の20％は同社の経費として使われ（利益も含まれる），残りの80％が保険金の支払いとギブバックに使われる[6]。

　Lemonadeの損害保険を購入するのは，非常に簡単である。例えば，ホームオーナー保険に加入したい場合は，パソコンかスマートフォンにアプリをインストールして申し込む。つぎに，保険を掛けたい物件の住所を入力し，火災報知器や防犯アラームの有無，ルームメイトやペットの有無などを入力して生年月日を入力すると，AIが即座に保険料を計算して表示する。その金額が気に入れば，そのまま申し込んでクレジットカードで決済できる。宝石や自転車などの私物を保険対象に加えたければ，オプションで追加できる。保険料の計算と決済は完全自動で行われ，人間は介在しない。

　保険金の請求も同様に，AIチャットボットで行う。Mayaと名付けられたチャットボットに保険金を請求したい旨を伝えると，テキストベースで対話が始まる。保険金支払いの対象や事故発生時期などを入力し，やり取りをしていくと自動的に保険金支払いの手続きが実行される。チャットボットは不眠不休

---

[6]　https://www.lemonade.com/（最終閲覧日2023年５月20日）を参照。ちなみに，Lemonadeは現在，ホームオーナー保険のほか，自動車保険・ペット保険・定期保険を提供している。

で働くので，24時間いつでも請求が可能である。

## 2 Metromile

Metromileは，2011年にアメリカカリフォルニア州サンフランシスコ市で設立された。当社には東京海上日動や三井物産も出資しており，自動車保険の分野を中心に取り扱っている[7]。Metromileのテクノロジープラットフォームは，ドライバーにリアルタイムのデータを提供し，ドライブのコストを最適化するのに役立っている。

Metromileのビジネスモデルとして，「Pay-per-Mile car insurance」という走行距離に応じて保険料が決まる自動車保険サービスを提供している。アメリカの自動車保険業界では，ここ50，60年の間，顧客が6か月ごとに定額の保険料を支払うのが一般的な仕組みであった。しかしこの仕組みでは，65％もの平均よりも走行距離が短い自動車運転手が，残りの35％の運転手のために過大な保険料を支払うことになっており，公平とはいえない料金負担の構造になっていた。そこでMetromileでは，車の診断ポートに小さいデバイスをつけることで車の走行距離を計り，月末に「走行距離×1マイルごとのレート」の保険料を徴収することにした。これによって，走行距離が平均以下の人は，保険料を引き下げることができる。実際にMetromileの顧客は，平均で35％ほど保険料を節約しているという[8]。

Metromileは，Pay-per-Mileの仕組みだけでなく，集積したデータの分析もその強みとなっている。集積したデータによって顧客の駐車違反を回避したり，車の診断ポートに設置されたデバイスにより自動車の不調を顧客に知らせたりすることが可能である。またデータを活用し，事故が起きた際の支払請求をスムーズにしている。Metromileの顧客の70％が支払請求のプロセスを事故が起

---

[7] https://www.cbinsights.com/company/metromile/customers（最終閲覧日2023年5月28日）を参照。

[8] MetromileのHP（https://www.metromile.com/pay-per-mile-car-insurance/　最終閲覧日2023年5月28日）を参照。

きたその日に終えることができているという。また，事故に遭った際の車の修理依頼についても，修理工場へ直接電話をする必要はない。アプリを通して修理工場を選択し，アプリ上から予約すればよい。

## 3　Oscar Health

Oscar Healthは，2012年にニューヨークで設立され，主に個人向け健康保険を提供している[9]。当社の保険商品は，オンラインプラットフォームを通じて簡単に比較・購入ができる。Oscar Healthは，テレヘルスや健康データの活用に重点を置き，顧客の健康管理をサポートするサービスも提供している。

## 4　Policygenius

Policygeniusは，2014年にニューヨークで設立され，保険商品の比較・購入のプラットフォームとして知られている。Policygeniusは保険ブローカーであり，当社は様々な保険カテゴリー（生命保険，自動車保険，火災保険，就業不能保険など）の保険商品を提供し，顧客に最適なプランをみつけるためのツールや情報を提供している[10]。

# II　日　　　本

## 1　justInCase

justInCaseは，2016年に東京で設立され，携帯電話向けの保険商品を提供するから始まった日本のインシュアテック企業である。当社は，スマートフォンの事故や故障，盗難などのリスクに対する保護を提供し，顧客のデジタルライフをサポートするサービスを中心に展開している[11]。また，justInCaseは，日本

---

[9]　Oscar HealthのHP（https://www.hioscar.com/　最終閲覧日2023年 5 月29日）を参照。

[10]　PolicygeniusのHP（https://www.policygenius.com/　最終閲覧日2023年 5 月29日）を参照。

[11]　ちなみに，同社が販売した「コロナ助け合い保険（シンプル保険）」に対して，保険引受そして内部管理体制と経営管理に問題があったとして，2022年 6 月27日に金融庁より業務改善命令を受けた（https://lfb.mof.go.jp/kantou/kinyuu/pagekt_cnt_20220617001.html

で初めてＰ２Ｐ保険である「わりかんがん保険」を発売した。がんになった人の保険金を加入者同士でわりかんで支払いをするコンセプトで，一時金として80万円を給付する仕組みである[12]。

## 2　Warrantee

2013年に開業したWarranteeは，保証書のクラウド化サービスからオンデマンド保険の開発にまで事業領域を拡大し，フリーインシュアランス事業とフリーヘルス事業の特許を取得したビジネスモデルとテクノロジーにより，独自の保証サービスを展開している。2018年には，企業からのスポンサー料によってユーザー（個人・法人・医療機関等）が無料で保証等を受けられる新しいビジネスモデルを開発し，家電の延長保証やヘルスケア商品，先端治療を受けられるサービスを提供し始めた。そして，2023年７月にアメリカNasdaq市場への新規上場が承認された[13]。

## 3　hokan

hokanは，2017年に東京で設立された，保険代理店業務に特化したクラウド型保険代理店システムを中心に展開するインシュアテック企業である。当社は，インシュアテックとテクノロジーによって既存の保険販売システムの非効率化の改善に取り組むことを事業の初期ビジョンに掲げている。具体的には，保険代理店の業務の特色に合わせた意向把握業務，案件管理業務そして精算業務などに特化したシステムを提供している[14]。

---

最終閲覧日2023年６月１日）。そして，2023年６月30日に業務改善命令の履行状況の義務が解除された（https://news.justincase.jp/news/ 20230630/　最終閲覧日2023年６月１日）。
[12]　https://p2p-cancer.justincase.jp/entry（最終閲覧日2023年６月３日）を参照。ちなみに，Ｐ２Ｐ保険とは保険の原点である相互扶助を理念にした新しいビジネスモデルである。つまり，保険の本業である保険業務に注力し，保険加入者同士間の助け合いを重視するが，派生的機能である金融機能を持ち合わせていないことがその特殊性を表している。LemonadeやjustInCaseが提供する保険の中には特徴的なＰ２Ｐ保険が含まれる。
[13]　Warranteeのニュースリリース（https://warrantee.com/pdf/ 202307 Warrantee_jp. pdf　最終閲覧日2023年６月３日）を参照。

## 4 iChain

iChainは，2016年に東京で事業を開始し，インシュアテックおよびブロックチェーンに関するソフトウェア・サービスの開発・販売・サポート，およびコンサルティング事業を展開している[15]。当社は主に，保険会社の契約管理に向けたサービスを提供しており，プラットフォームとして保険会社と保険加入者をシームレスに連携することで，保険会社の生産性の向上に寄与することが期待される。

## Ⅲ　小　　　括

事例研究からわかるように，インシュアテック企業が様々なテクノロジーを駆使し提供している保険商品やサービスが新たな需要を生むきっかけとなっている。また，【図表5】で示しているように，日本国内のインシュアテック市場も2024年には，2017年の5倍以上になると予測されている。テクノロジーの進歩にともない，デジタル化，人工知能（AI），ブロックチェーン，ビッグデータなどの技術が保険業界に革新をもたらしている。その共通点として，次の4点が挙げられる。

① **保険の製販分離とデジタルプラットフォームの構築**

インシュアテック企業は，デジタルプラットフォームを活用して保険商品の比較・購入，ポリシーの管理，クレーム処理などの保険サービスを提供している。顧客は，モバイルアプリケーションやウェブサイトを通じて，保険に関する手続きや情報へのアクセスを容易にすることができる。

② **センサーテクノロジーとテレメトリクスの活用**

インシュアテック企業は，センサーテクノロジーやテレメトリクスを活用して，自動車保険や健康保険などの保険商品を提供している。自動車保険では，

---

[14]　hokanのHP（https://hkn.jp/　最終閲覧日2023年6月5日）を参照。当社は損害保険会社や生命保険会社だけではなく，少額短期保険業者へのサービス提供もしている。そして，保険契約の一括管理をできるアプリの提供もしている。

[15]　iChainのHP（https://www.ichain.co.jp/　最終閲覧日2023年6月5日）を参照。

ドライブデータを収集して運転行動を評価し，個別の保険料を設定することが可能である。Oacar Healthの健康保険では，フィットネスデバイスやヘルスアプリを活用して顧客の健康状態をモニタリングし，プレミアムを個別に設定する工夫をしている。

### ③　スマートコントラクトとブロックチェーンの活用

インシュアテック企業は，ブロックチェーン技術とスマートコントラクトを活用して，保険契約の透明性や自動化促進のためのサービス提供している。例えば，iChainはブロックチェーンを使用することで，契約履行やクレーム処理のプロセスが透明化され，信頼性が向上した。スマートコントラクトによって，契約条件の自動実行やクレームの自動処理が可能になる。

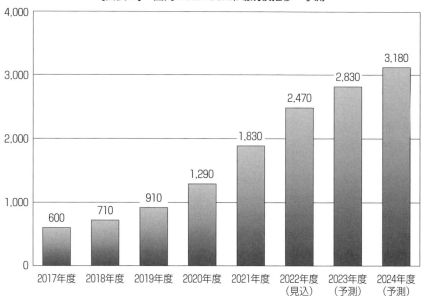

【図表５】　国内InsurTech市場規模推移・予測

注１．参入事業者売上ベース
注２．2022年度は見込値，2023年度以降は予測値

出所：https://konohoken.com/article/interview-experts/wp14752/

# 第3節　保険経営に対するインシュアテックの影響

## I　商品・付加価値への影響

インシュアテックの1つの目的は，保険顧客のエクスペリエンスを向上させることである。カスタマーエクスペリエンス（Customer Experience，通常CX；以下CXと略す）とは，顧客が特定のブランド，製品，サービス，または企業との相互作用を通じて感じる感情や印象を指す。つまり，顧客が商品やサービスを購入，使用，サポートを受ける際に経験する総合的な感情や満足度である。CXは，顧客がブランドや企業に対して持つ感情や態度に影響を与え，忠誠心やリピート購入の決定に影響を与えることがある。その概念には，次の5つの要素が含まれる。

① **感情と感傷**：顧客が特定のブランドやサービスに対してどのような感情を抱くか，またそれがどのように顧客行動に影響を与えるか。感情はCXにおいて重要な要素である。

② **接触ポイント**：顧客が商品やブランドと相互作用するあらゆる場所や方法である。Webサイトやアプリ，ソーシャルメディア，カスタマーサポート，店舗などが含まれる。

③ **カスタマージャーニー**：顧客がブランドや商品との関係を築く過程である。

④ **フィードバックと評価**：顧客が自身の体験や意見をブランドに提供することを指す。

⑤ **一貫性**：企業やブランドは，顧客に価値観および品質が一貫しているサービスを提供しなければならない。一貫性のあるハイクォリティサービスを提供することで顧客ロイヤルティの定着につながることになる。

CXの向上につながるサービスとして，保険商品の提供方法，顧客サービス，苦情処理など，多種多様である。なぜなら，顧客はより便利で使いやすい保険

サービスを求めており，そのニーズに応えるための進化が必要不可欠となっているからである[16]。

## Ⅱ　マーケティングへの影響

インシュアテックによるCXは，デジタルプラットフォームやAIを活用して，保険マーケティングにおける商品のカスタマイズや個別化，リアルタイムのサポートなどを提供している。

### 1　デジタルプラットフォームの提供による利便性向上

インシュアテック企業は，デジタルプラットフォームを通じて保険商品の比較・購入，ポリシーの管理，クレーム処理などを提供している。例えば，Lemonadeは，デジタルプラットフォームを活用して，顧客が数分で保険契約を完了できるようにしている。

### 2　カスタマイズと個別化

インシュアテック企業は，顧客のニーズに合わせた保険商品のカスタマイズと個別化を実現している。データ分析や人工知能（AI）を活用して，顧客のプロファイルやリスク評価に基づいて保険料やカバレッジを提案する。例えば，Metromileは，運転データを分析して個別の保険料を設定し，顧客の運転パターンに合わせたプランを提供している。Harvard Business Review Analytic Services Surveyによると，企業がDXで最優先する目標として掲げたのは顧客の満足度向上であった[17]。

---

[16]　"What is customer experience?"（https://watermarkconsult.net/blog/2019/11/11/cx-101-what-is-customer-experience/　最終閲覧日2023年7月1日）を参照。

[17]　Harvard Business Review "Advancing Digital Transformation in Financial Services"（White Paper）p.5を参照。

15

## 3　リアルタイムサポート

　インシュアテック企業は，リアルタイムのサポートを提供して顧客の問題解決を迅速に行っている。チャットボットやAI機能を活用して，顧客の質問や問い合わせに即座に対応する。例えば，Insurifyは，AIチャットボットを導入し，24時間365日のサポートを提供している。

## 4　シームレスな苦情対応

　インシュアテック企業は，デジタルテクノロジーやデータ分析を活用してクレーム処理プロセスを効率化し，顧客の負担を軽減している。自動化されたクレーム処理システムや画像認識技術を活用して，苦情の申請や審査を迅速かつ正確に行う。例えば，Root Insuranceは，画像認識技術を使用して，自動車事故の被害を判定し，苦情対応をスムーズに行っている[18]。

# Ⅲ　組織への影響　〜パートナーシップと共同事業

　インシュアテック分野では，保険会社がテクノロジー企業やスタートアップとのパートナーシップを築くことが重要である。ここでは，保険会社がどのようにパートナーシップを形成し，共同事業を推進することができるかについて論じる。パートナーシップのモデル，相互利益を生み出すための戦略を分析する。

## 1　テクノロジープロバイダーと保険会社の提携

　インシュアテック企業は，保険会社と提携し，新たなテクノロジーソリューションを導入している。これにより，保険会社は，デジタルプラットフォーム，データ分析，AI技術を活用し，保険商品の開発，プロセスの最適化，CXの向上を実現することが可能である。例えば，データ分析企業が保険会社にリスク評価のためのデータモデルを提供し，共同で新しいポリシーを開発することが

---

[18]　Root InsuranceのHP（https://inc.joinroot.com/company/　最終閲覧日2023年7月1日）を参照。

可能であろう。モデルとして，以下の提携方式が挙げられる。

① **テクノロジーパートナーシップ**：保険会社は，テクノロジーカンパニーやスタートアップ企業とのパートナーシップを形成することで，革新的なソリューションや技術を取り入れることができる。保険会社は，デジタルテクノロジーやAI，ビッグデータなどの専門知識を持つパートナーと提携し，保険商品やサービスの開発・提供を強化することができる。

② **データパートナーシップ**：データはインシュアテックにおいて重要な要素であり，保険会社はデータ提供者やデータプラットフォームとのパートナーシップを形成することで，より豊富なデータにアクセスできる。

③ **ストラテジックな共同事業**：保険会社は，他の企業との戦略的な共同事業を推進することで，市場での競争力を高めることができる。例えば，テクノロジー企業や自動車メーカーと提携して，車両データを活用した自動車保険商品を共同開発するなどの取組みがある。これにより，保険会社は，新たな市場や顧客セグメントに進出し，相乗効果を生み出すことができる。

④ **アクセラレーターやインキュベータープログラムの参加**：保険会社は，インシュアテックスタートアップとの関係を構築するためにアクセラレーターやインキュベータープログラムに参加することがある。これにより，保険会社は，新たなイノベーションや技術を持つスタートアップとの接触や共同開発の機会を得ることができる。

⑤ **オープンイノベーション**：保険会社は，オープンイノベーションの手法を活用して，広範なパートナーエコシステムとの連携を促進することがある。これにより，異なる業界や専門分野のパートナーとの交流や知識共有が行われ，保険業界における革新的な取組みが推進される。

## 2　スタートアップと保険会社の協力

　これまでの事例にあったように，多くのインシュアテックスタートアップは，保険業界に革新的なアイディアとテクノロジーを持ち込んでいる。保険会社は，これらのスタートアップと協力し，新しい保険商品やサービスを共同で開発す

ることで市場に参入する。スタートアップは通常，柔軟性と革新性を持ってお
り，これにより，新たな市場セグメントや顧客層にアプローチできる。

### 3　プラットフォーム提供者との提携

　インシュアテックプラットフォーム提供者は，保険会社と提携してデジタル
保険プラットフォームを提供する。これにより，保険会社は，新しい保険商品
を効率的に市場に導入し，デジタルチャネルを介して顧客にアクセスできる。
プラットフォームは，保険会社に必要なテクノロジーとインフラを提供し，開
発と導入のスピードを向上させることが期待できる。

　これらの手法を活用することで，保険会社はインシュアテック分野において
パートナーシップを形成し，共同事業を推進することができる。ただし，パー
トナーシップの選定や管理には，慎重なプロセスと適切な契約の締結が必要で
ある。

# 第4節　インシュアテックの進展と損害保険業界の 課題

## Ⅰ　サイバーセキュリティとリスク管理

　インシュアテックの普及に伴い，サイバーセキュリティの重要性が高まって
いる。インシュアテックの活用には，デジタルテクノロジーやオンラインシス
テムの使用が欠かせない。これにより，保険会社は，データの収集，保管，処
理，および共有を行うが，サイバーセキュリティリスクが存在する。以下に，
一般的なリスクとその管理方法を示す。

①　**データ漏洩**：保険会社は顧客の個人情報や保険契約情報を保持している。
　　データ漏洩は，重大なリスクであり，顧客プライバシーへの侵害や信頼性
　　の低下を引き起こす可能性がある。リスク管理方法としては，データの暗

号化，アクセス制御の強化，セキュリティ監視とログ管理，従業員のセキュリティ意識向上のための教育プログラムなどがある。

② **サイバー攻撃**：サイバー攻撃は，ハッカーやマルウェアによって保険会社のシステムやデータにダメージを与える可能性がある。例えば，マルウェアによってデータが暗号化され，身代金の支払いを要求されるランサムウェア攻撃がある。サイバー攻撃を防ぐためには，セキュリティソフトウェアの導入，ファイアウォールの設置，定期的なセキュリティ監査，パッチ適用などの対策が必要である。

③ **サプライチェーンの脆弱性**：インシュアテックには，保険会社がパートナーシップを結ぶテクノロジー企業やサービスプロバイダーが関与する。サプライチェーンのなかの一部の脆弱性は，サイバーセキュリティのリスクを引き起こす可能性がある。保険会社は，サプライチェーンのセキュリティ評価を行い，信頼性の高いパートナーを選択することが重要である。

④ **社内のセキュリティ違反**：従業員によるセキュリティ違反や内部からのデータ窃取も，サイバーセキュリティリスクの１つである。保険会社は，社内のセキュリティポリシーの策定と遵守，アクセス権の厳密な管理，従業員の教育と意識向上のためのトレーニングなどを行うことで，対策を講じることができる。

⑤ **インシュアテックパートナーのセキュリティ評価**：インシュアテックパートナー（テクノロジー企業やサービスプロバイダー）のセキュリティレベルは，保険会社のセキュリティ全体に影響を及ぼす可能性がある。保険会社は，パートナー企業のセキュリティポリシーや実践を評価し，安全性が確保された信頼性の高いパートナーとの関係を構築する必要がある。

保険会社は，これらのリスクを管理するために継続的なサイバーセキュリティ対策を実施する必要がある。これには，セキュリティポリシーの策定，セキュリティインシデントへの対応プロセスの確立，セキュリティ意識の向上，セキュリティ監査の実施などが含まれる。定期的なリスク評価と監視も重要な要素である。保険会社は，サイバーセキュリティ専門家との協力や業界のベス

トプラクティスを参考にしながら，最新のセキュリティ対策を採用してリスクを最小限に抑えることが重要である。

# Ⅱ　パートナーシップをめぐる戦略

## 1　差別化戦略と顧客ロヤイティの形成

インシュアテックと保険会社のパートナーシップは，CXの向上を追求すべきである。デジタルテクノロジーを活用した新しい保険プロセスやオンラインサービスは，顧客にとって簡便で使いやすいものとなり，カスタマーサービスの向上に寄与する。

## 2　リスク評価と価格設定の精度向上

インシュアテックは，データ分析とAI技術を駆使し，リスク評価と価格設定の精度を向上させることができる。パートナーシップを通じて，保険商品はより正確なリスクプロファイルに基づいて提供され，顧客に適切な価格で提供されることが期待される。

## 3　新たな市場セグメントへのアクセス

インシュアテックのパートナーシップにより，保険会社は新たな市場セグメントにアクセスできるようになる。例えば，スマートホームテクノロジーやサイバーセキュリティ保険を提供することで，新しい保険市場に進出する機会が広がる。これらのパートナーシップとの戦略により，インシュアテックは保険業界に革命をもたらし，保険消費者により適切な保険商品を提供するための新たな機会を創出している。

ここで，事例としてスマートホーム保険を中心に比較分析を試みる。スマートホーム保険は，ホームオーナーや入居者がスマートホームテクノロジーを導入している場合に提供される特別な種類の住宅保険である。その特徴は，以下のとおりである。

① **IoTデバイスカバー**：スマートホーム保険は，インターネット・オブ・シングス（IoT）デバイスを含むホームオートメーションシステムのカバーを提供する。これには，セキュリティカメラ，侵入検知システム，火災警報装置，スマートロックなどが含まれる。これらのデバイスは，家の安全性やセキュリティを向上させるために使用される。

② **カスタマイズ可能なプラン**：スマートホーム保険は，ホームオーナーまたは入居者のニーズに合わせてカスタマイズできることが一般的である。ホームオーナーが保護したい特定のリスクに対応するカバレッジを選択できる。

③ **割引と報酬**：スマートホームテクノロジーを導入することで，保険プロバイダーは低リスクとみなすことがあり，その結果，保険料が割引されることがある。また，一部のプランでは，スマートホームデバイスの購入や導入に対する報酬が提供されることもある。

④ **リアルタイムモニタリング**：スマートホーム保険は，デバイスを通じてホームのリアルタイムモニタリングを提供し，異常なアクティビティや緊急事態を検出する。例えば，セキュリティカメラが侵入を検出すると，保険会社に通知され，対応措置がとられることがある。

⑤ **苦情対応の効率化**：スマートホームテクノロジーにより，保険クレームの処理が効率的に行える。例えば，火災警報が鳴った場合には，自動的に警報が保険会社に通知され，クレーム処理が開始される。

⑥ **サーバーセキュリティのカバー**：スマートホーム保険には，ホームネットワークのセキュリティやプライバシーに関するリスクに対処するサイバーセキュリティカバレッジも含まれることがある。これは，ホームネットワークへの侵入やデータの漏洩などをカバーする。

⑦ **災害対応**：スマートホーム保険は，自然災害に対するカバレッジも提供する場合がある。地震，洪水，台風などの災害に備えて，追加のプランを選択できることがある。

【図表6】では，スマートホーム保険の販売している3社の比較を示した。そこからわかるように，3社はそれぞれの特色と強みにより，新たな市場への進出を可能にしている。さらに，デジタル時代に合ったアプローチとして，Lemonadeは，保険の原点とインシュアテックを組み合わせた仕組みを考案した。Hippoは，1つの保険に特化した形で差別化を図り，顧客ロイヤルティの形成に力を入れている。State Farmは，従来の保険会社でありながら顧客に最新の保険イノベーションから生まれるサービスを提供する工夫をしており，伝統的保険との統合も可能としている。

【図表6】 スマートホーム保険の提供者比較

| 提供会社 | 特　徴 | 強　み |
|---|---|---|
| Lemonade | ・インシュアテック企業；ホームオーナー保険と入居者保険が含まれる；スマートホームテクノロジーを導入したホームオーナーや賃貸人向けに特別なプランを提供 | ・デジタルプラットフォームを通じて迅速な保険契約プロセスを提供；スマートホームデバイスの導入に対する割引を提供；AIを活用したクレーム処理・クレームの迅速な解決を実現 |
| Hippo | ・スマートホーム保険に特化した保険会社；ホームオーナー向けに，スマートホームテクノロジーとリアルタイムモニタリングを活用した保険プランを提供 | ・ホームオーナーがスマートデバイスを使ってホームを保護し，災害に備えることを奨励；火災，窃盗，水漏れ，サイバーセキュリティなどのカバレッジが含まれており，デジタルホームセキュリティとの統合が行われている |
| State Farm | ・従来の保険会社；ホームオーナーがスマートテクノロジーを使用してリスクを軽減し，保険プレミアムを削減できるように設計されている | ・顧客にスマートホームデバイス（セキュリティカメラ，火災警報など）の設置を奨励；デバイスの使用に対する割引を提供；伝統的な保険との統合も可能 |

出所：各社の公開情報を基に筆者作成。

第1章　インシュアテックの進展と損害保険業界への影響

# おわりに

　本章では，スタートアップ企業を対象にインシュアテックを活用した新しいビジネスモデルの分析を試みた。そして，IT企業とインシュアテックの親和性が高いため，今後そのダイナミックな流れによって，スタートアップ企業が保険事業におけるゲームチェンジャーになっていけるかについて考察した。結論として，現在クロステック現象によって巨大IT企業が影響力を増しており，従来の保険事業の業務の効率化と精緻化の競争圧力に直面している。また，様々な業界から集まる投資資金がスターツアップ企業の次なるチャレンジを後押しする形となっているため，インシュアテックによる保険業界への影響は多岐にわたることが予想される。ただし，既存の保険会社は潤沢な資本力とこれまで蓄積した保険ノウハウを生かしていける競争優位にあるため，そう簡単には首座を譲ることはなかろう。また，インシュアテックを目指す保険企業の市場規律の基準として，規制のサンドボックス制度[19]の導入による契約者保護を推進していくことが求められる。石田（2022）は，新時代におけるインシュアテックがもたらす主な影響について，①マーケティングのデータ化と②保険商品の設計や保険料設定にさまざまな影響をもたらす，と結論づけている[20]。

　インシュアテックは，保険の本質にどのような変化と新たな意義をもたらすだろうか。保険とは，そもそも大数の法則が適用されることを前提として，リ

---

[19]　内閣官房のHPによれば，「規制のサンドボックス制度とは，IoT，ブロックチェーン，ロボット等の新たな技術の実用化や，プラットフォーマー型ビジネス，シェアリングエコノミーなどの新たなビジネスモデルの実施が，現行規制との関係で困難である場合に，新しい技術やビジネスモデルの社会実装に向け，事業者の申請に基づき，規制官庁の認定を受けた実証を行い，実証により得られた情報やデータを用いて規制の見直しに繋げていく制度」である。詳細は，「規制のサンドボックス制度（新技術等実証制度）について」（https://www8.cao.go.jp/kiseiaikaku/kisei/liaison/log/ 2205_00 general/ 220531/ 220531general_03.pdf　最終閲覧日2023年7月5日）を参照。

[20]　石田（2022）を参照。

スク集団が形成されることによって保険会社のリスク引受ビジネスモデルが成り立つといえる。顧客エクスペリエンスが重視され，新たな保険商品の開発サイクルが短くなっていることは，保険事業内部における対応の成果であり，インシュアテックが保険の本質を変えるほどの創造的破壊ではないといえる。むしろ，保険業が技術革新への適応においてインシュアテックが活用されることで，その存在意義が大きくなっていくことが期待される。

**≪参考文献≫**

アナベル・ガワー／マイケル・A／クスマノ（著）小林敏男（監訳）（2022）『プラットフォームリーダーシップ』有斐閣。

石田成則（2022）『変貌する保険事業〜インシュアテックと契約者利益』中央経済社。

岩永洋平（2023）「顧客生涯価値を形成するマーケティング実践と事業モデル：D2C事業調査からの基本構造・事業プロセス・収益モデルの検証」"Direct Marketing Review" Vol. 22, pp. 43－65.

太田裕朗・山本哲也（2022）『イノベーションの不確定性原理』幻冬社。

栗木契（2022）「デジタル時代に求められる実践発想のマーケティング」『季刊ひょうご経済』第155号，12－13頁。

首藤惠（2011）『金融サービスのイノベーションと倫理〜金融業の規律ある競争』中央経済社。

フィリップ・コトラー＆ケビン・レーン・ケラー（2017）『コトラー＆ケラーのマーケティング・マネジメント基本編　第3版』丸善出版株式会社。

堀田一吉・山野嘉郎・加瀬幸喜（編著）（2022）『デジタル化時代の自動車保険』慶應義塾大学出版会。

宮野厚（2020）『DX時代のサービスマネジメント』技術評論社。

アクセンチュア調査 "Breaking Through Disruption：Embrace the Power of the Wise Piot"（https://www.accenture.com/jp-ja/insights/consulting/business-disruption-innovation）.

Forbes, "50 Stats Showing The Power of Personalization".

Global Insurtech Market Gaining Momentum—Projected to Reach worth USD 10.7 billion in 2027（https://ffnews.com/newsarticle/insurtech/global-insurtech-market-gaining-momentum-projected-to-reach-worth-usd-10-7-billion-in-2027/）.

Harvard Business Review, "Learning from Customer Defections".

Harvard Business Review, "Advancing Digital Transformation in Financial Services"（https://hbr.tradepub.com/free/w_defa5255/prgm.cgi?a=1）.

Sollers Consulting, "Innovation in Insurance Online Days-Post Conference Booklet"（https://sollers.eu/wp-content/uploads/Innovation-In-Insurance-Booklet_impr.pdf）.

Watermark Consulting, "The Customer Experience ROI Study".

# 第2章
## X-Techにおける生命保険企業と
## イノベーション創出

# は じ め に

　本章の目的は，X-Tech下の生命保険企業のイノベーション創出における組織の方向性について，生保企業の企業組織の特質とともに，オープン・イノベーションの議論を加味した分析を加え，考察を行うことである。

　生命保険業界・生命保険企業に，FinTech・InsurTechをともなうX-Techの波が，コロナ禍による社会的・経済的影響もともなって訪れ，保険業界内に限定されない，垣根を越えた大競争が始まりつつある。このX-Tech下では，今までとは異なるイノベーションの創出が必要となるが，生命保険企業の企業組織の特質に基づいて，イノベーションやそれに関わる経営組織について検討を行う取組みは，少ないままである。

　本章では，田中（2021b）の議論を発展させて，X-Tech下で浮き彫りとなる生保企業の企業組織の特質とイノベーション創出に関連する問題等をオープン・イノベーションの議論を加味して分析し，生命保険企業の企業組織に即した新時代の経営戦略に関して議論を行う。

　**第1節**では，X-Tech下においては，全産業において各業界間の壁が低くな

るとともに，巨大IT企業がこの状況に容易に適応できる一方で，生命保険業界・生命保険企業の先行きが楽観的ではない状況について説明する。

第2節では，日本企業に特徴的な自前主義を説明するとともに，生命保険企業と官僚制組織の特質に加えて，X-Tech下での生命保険企業の企業組織と自前主義である場合のイノベーション創出における問題を指摘する。

第3節では，生保企業のオープン・イノベーションへの取組みを説明する一方で，官僚制組織でのイノベーション創出の可能性に触れ，X-Tech時代での生命保険企業のイノベーション創出のあり方について指摘を行う。

X-Tech下での生命保険企業におけるイノベーション創出の必要性は語られるが，生保企業の企業組織の特質に触れながらの議論は少ない。本章では，とくに破壊的イノベーション（disruptive innovation；Christensen, 2016）の創出を念頭に[1]，イノベーション創出に向けた考察に取り組む。

# 第1節　X-Tech下の生命保険業界・生命保険企業，それらにおける先行き

## I　X-Techと薄まる各業界間の壁

FinTech・InsurTechの大きな波が拡がるなか，それらを含むX-Techの大波が生命保険業界・保険業界を含むすべての産業の領域に到来しているが，その状況で，すべての業界の壁が低くなりつつある。

X-Techは，ICT産業を含む多様な業種（金融，小売等）のバリューチェーン要素の分離と統合の現象とされる（総務省，2018, p.59）。

X-Techの大波が直撃する主要な領域の1つは，金融業界である。近年は，急速に進化する情報通信技術を実装し，プラットフォームを構築した米国等の

---

[1]　Christensen（2016）に関しては，伊豆原弓訳書（2001）を参照。

IT企業が，情報通信分野のみならず，自動運転，医療，金融，音楽等の他分野に積極的に入り込む等，産業界の構造も変化する兆しがある，と指摘される（経済産業省，2016，p. 127）。そして，今はビッグテックの世界であり，私達はただ彼等の世界で生きている（Galloway，2021，p. 42），というGalloway（2021）の指摘するパンデミック後に加速した状況が，一般的になりつつある[2]。

　一方，技術革新によって金融の外のプレーヤーが金融サービスに大きな強みを持つ（柳川，2018，p. 40）という現象が，X-Techの大波のなかで生じる。そして「金融」が「金融機関」の専売特許でなくなる（アクセンチュア，2016，p. 90）という状況が，X-Techのなかで出現していく。長らく規制業界として参入が制限されてきた保険業界も，いよいよグローバルレベルで異業種保険事業者との競争の時代に突入する（www.pwc.com/jp，2019，p. 2），とされる。

　一方，X-Techによる各業界間の垣根の喪失は，従来的な金融業界に顕著にみられ，「保障」という領域を長年保持してきた「特殊」な生命保険業界には強い影響がないようにもみえる。加えて，100年ライフはSFの世界の話ではなく，長寿化の進行という途方もない大変化のなかに私達が位置する，とされる（Gratton and Scott，2016，pp. 32－33，p. 1）[3]。そして健康的な生活に対しては，消費者において強い欲望がみられることから（荻原，2002，p. 136；アクセンチュア，2016，p. 197），人生100年時代が，生命保険を主とする保険業界においても意識されている（東洋経済新報社，2018）。

　健康長寿やアンチエイジングへのニーズが顕著となる方向は，生保業界に大きな可能性をもたらすようにみえる。この状況において，X-Techにともなう医療・ヘルスケアの領域の拡大は，生保企業がコミットする健康寿命確保に向けたサービスや生保業界の方向性と合致しているように思われる。生命保険企業等の健康寿命，医療・ヘルスケア方面に向けたInsurTechの活用・開発の進展は，一見，生保業界にブルーオーシャンをもたらすようにみえる。

　X-Techのもたらす影響は，FinTechやInsurTechといった形のみで，金融

---

(2) Galloway（2021）に関しては，渡会圭子訳書（2021）を参照。
(3) GrattonとScott（2016）に関しては，池村千秋訳書（2016）を参照。

業や保険業にのみ，もたらされるのではない。MedTech・HealthTech等も含みながら，生命保険業が関連する全産業，全領域に及ぶ影響であることを理解する必要がある。

## II　生命保険業界・生命保険企業とX-Tech下での脅威

　生保業界・生保企業にブルーオーシャンをもたらすような医療・ヘルスケアの領域は，X-Techの大波が直撃する主要な領域の1つであり，それは巨大IT企業等を含む全産業にとって最も有望な領域でもある。

　GAFAタイプのテクノロジープレイヤーは，非常に自然に医療保険分野に展開できるが（IAIS, 2017, p.27），X-Tech下では「餅は餅屋」ではない巨大IT企業が，これらの領域に参入していく。ここで，Amazon，Apple，Facebook，Google，MicrosoftのBIG5等の欧米企業や中国等アジアに拠点を置く新興IT企業は，ディスラプティブなテクノロジーを核に，従来のビジネスモデルを超える新たな競争を仕掛けている（www.pwc.com/jp, 2019, p.2）。例えば，Galloway（2021）は，Amazonが保険領域やヘルスケア領域で大暴れする可能性を指摘し，「プライム・ヘルス」という医療の未来を指摘している（Galloway, 2021, pp.70-72）[4]。そして，予期せぬ多数の脅威に従来のビジネスモデルを浸食され，保険会社はこれまでのように参入障壁の高さに頼ることができなくなっている（IBM Institute for Business Value, 2016, p.1），とされる[5]。

　この現象において，IAIS（2017）が指摘する，FinTech・InsurTech下の3シナリオの後半の2つである，シナリオ②保険バリューチェーンの分断が起き，従来的な保険会社は主導権を維持できなくなる，シナリオ③巨大テクノロジー企業が従来的な保険会社を締め出し，保険バリューチェーン全体を獲得する

---

[4]　山本（2023）は，iPhoneが本人確認のしやすいデバイスであり，個人の健康など多くのデータが集まる点等から，銀行，証券業界に限らず，保険業界もアップル，iPhoneの経済圏に呑み込まれる可能性が高いことを指摘する。

[5]　Galloway（2021）によれば，Amazonという捕食者にとって，保険は肥満化した業界で，非効率な国の規制と昔からの腐れ縁で守られている，とされる（Galloway（2021）p.70）。

第2章　X-Techにおける生命保険企業とイノベーション創出

（IAIS, 2017, pp. 24-26），といったシナリオが生じる可能性がある。そして，保険の未来は保険会社を外して生じつつある（The Economist Group, 2019），とされる状況が発生することになる。ここで，従来的な「生命保険企業」が専売特許的に生命保険業に従事する必要性が薄れていく可能性がある。

　X-Tech下での医療・ヘルスケア領域は最も有望な領域といえるが，それは生保業界と同様に，巨大IT企業等を含む全産業にとって最も有望な領域でもある。その領域では，全産業における資源が集中した激しい競争が生じ，イノベーションをともなう競争となっていく。しかしながら，その流れを導き，占有していく主役は，イノベーション創出が得意な巨大IT企業・巨大プラットフォーム企業となりつつある。そして，Google, Amazon, Apple等の巨大IT企業は，きわめて難しいイノベーション創出の継続が可能な潜在力を有する企業でもある（雨宮，2015, p. 7）。

　生保業界へのX-Tech下での有力な脅威は，生保加入者も日常生活を頼っている巨大IT企業等のグローバル規模での異業界となる。今までの生保業における競争とは違い，イノベーションの創出・イノベーションへの対応が求められる競争が展開され，この競争に不慣れな企業は，X-Tech下で退席することも否定できないのである。

## 第2節　X-Tech下における生命保険企業の企業組織とイノベーション創出

### I　生命保険企業，日本企業における自前主義とイノベーション

　わが国の企業の特徴として，自前主義が挙げられることが多い（総務省，2019, p. 162）。この自前主義は，基礎研究から商品の開発，そして製造や販売といったビジネスのバリューチェーンを，自社（あるいは自社の系列企業）のリ

*29*

ソースにより構成したうえで，商品を提供するというものである（総務省，2019，p. 162）。最近の論調において，自前主義に対する好意的な議論は少数だが，そのメリット自体は否定できない。このような自前主義には，とくに様々な種類の商品を大量に生産するうえで，規模の経済性や範囲の経済性が働くというメリットがあると考えられる（総務省，2019，p. 162）。

　一方，Chesbrough（2006）によると，従来型のイノベーションは，「クローズド・イノベーション（closed innovation；Chesbrough，2006，p. xx）」と呼ばれる[6]。このクローズド・イノベーションは，自社開発の技術・製品を既存取引先のみに販売する自前主義・垂直統合型のイノベーションモデルである，とChesbrough（2006）の議論が説明されている（オープンイノベーション・ベンチャー創造協議会，新エネルギー産業技術総合開発機構編集，以下，JOIC，NEDO編集，2018，p. 3）。加えて，研究開発から製品開発まで一貫して自社内部の経営資源だけを活用して価値を創造するクローズド・イノベーションは，市場や技術の変化が少なく，研究開発におけるノウハウの積み重ねや摺り合わせが必要とされる業界においては，経営の効率性が高くなるといわれる（小田原）。また，リソースを内部に抱えることにより，取引費用を抑えるといったメリットがあったと考えられ，これらは，スピーディーな開発・提供を可能にする側面もあっただろう（総務省，2019，p. 162），とされる[7]。

　生命保険業においても，自前主義の言葉が散見される。例えば，日本生命においても例外ではなく，日本生命のNippon Life X室長練尾諭氏においても

---

[6]　クローズド・イノベーションは「成功するイノベーションはコントロールが必要である」という信条に基づき，企業は自分でアイディアを発展させ，マーケティングし，サポートし，ファイナンスするべしというものとされる（Chesbrough（2006）p. xx）。Chesbrough（2006）に関しては，大前恵一朗訳書（2004）を参照。

[7]　現在も，流通が関連する企業においては，とくに自前主義の有効性が語られている。総合衣料品の販売で著名な株式会社しまむらは，ビジネスモデルでのローコストオペレーションにおける自前主義を謳っており（しまむらグループHP），増収増益を実現している（阿部，2023）。ジャパネットグループも方向性として自前主義を示しており（ジャパネットグループHP），家電量販店大手ヨドバシカメラのEC事業「ヨドバシ・ドット・コム」も自前主義を謳っている（阿部，2018）。

「われわれは大きな会社であるが故に，今までは自前主義を貫いてきました。サーバーも自分たちで立てるし，営業職員が持っているタブレットも自分たちで作ってきました。」(堀田，2023)，とされる。

Nippon Life X室長練尾氏の指摘にあるように，この自前主義は，ある程度の規模の大企業等においては有効性を持っていた，と思われる。

他方，デジタル経済の進化のなかで，企業と企業の関係は，価値の源泉やコスト構造の変化を踏まえた再構築が求められ，これまでは自社の内部で行っていた企業活動について，外部からの調達が必要になることが考えられる(総務省，2019，p. 162)。

日本生命のような自前主義が有効にみなされてきた企業であっても，現在はその自前主義から脱却する方向性が生まれている動きは興味深い。X-Tech下では，イノベーション創出の重要性のため，自社の内部を中心としてきた企業活動に対して，外部の資源等の導入は，強い説得力があるように思われるのである。

## Ⅱ　生命保険企業の企業組織とその本来的性質

生命保険企業はその業務の性質上，正確性と客観性を有した組織の存在を必要とするため，官僚制組織の特質を持つ企業組織となる。それこそが，Weber (1960, 1970, 1987, 2012) やMintzberg (1979, 1981) 等の解説で著名な官僚制による企業組織となる[8]。

官僚制とは，規模の大きい組織や集団における管理・支配のシステムで，合理的・合法的権威を基礎におき，安定性を確立した組織を指す(グロービス経営大学院HPより)。Mintzberg (1979) によると，とりわけ郵便事業，鉄鋼会社，自動車メーカーや航空会社等は機械的官僚制 (machine bureaucracy) の特質を有し (Mintzberg, 1979, pp. 314-315)，保険会社や鉄道会社のような大衆向けサービスを提供する伝統的大企業等の間で，機械的官僚制は一般的である (Mintzberg,

---

(8)　Weberに関しては，世良晃志郎訳書 (1960)，世良晃志郎訳書 (1970)，阿閉吉男，脇圭平訳書 (1987)，濱嶋朗訳書 (2012) を参照。

1981, p. 108)[9]。さらに，Mintzberg（1979）によれば，この機械的官僚制においては，規則や規制が組織全体に浸透し，意思決定は公式な権限に沿う（Mintzberg, 1979, pp. 318-319)[10]，とされる。

生命保険企業では，その本来的な業務の性質から，定型的作業の正確な実施とその継続が，求められることから，システムとしての機械的官僚制の組織の性質は，その業務とも強くマッチする。そして，優秀な企業が採用する指揮統制型の階層組織は，企業が上手く機能するための必要な構造であり（Kotter, 2014, p. 6)[11]，現在の組織の管理領域の大部分は官僚制的管理に依存している，とされる（村上，2018, p. 44）。

だが，庭田（1977）が指摘するように，あまりに大なる企業の登場は，その企業の上下（意思決定や管理の機構と現場）の距離を大にしすぎて，官僚性的硬直体質に陥らせる（庭田，1977, p. 18）。そして，保険業界がイノベーション創造力において注目を浴びることはほとんどない（IBM Institute for Business Value, 2016, p. 1），とされるように，機械的官僚制構造は，特定の目的に合ったものであって新しい目的に適応するものではない（Mintzberg, 1981, p. 109）。実際，Mintzberg（1981）は，たえずイノベーションが要求されるダイナミックな産業で，機械的官僚制を維持することは意味をなさない，と指摘する（Mintzberg, 1981, p. 115）。

一方，ネットワーク組織は，複数の個人，集団，組織が，特定の共通目的を果たすために，社会ネットワークを媒介にしながら，組織の内部もしくは外部にある境界を越えて水平的かつ柔軟に結合しており，分権的・自律的に意思決定できる組織形態である（若林，2009, p. 30）。

---

(9) Mintzberg（1981）に関しては，ヘンリー・ミンツバーグ「DIAMOND ハーバード・ビジネス・レビュー編集部編訳（2007）」を参照。

(10) Mintzberg（1981）は，組織構造の5つのコンフィギュレーションとして，単純構造（simple structure），機械的官僚制（machine bureaucracy），プロフェッショナル官僚制（professional bureaucracy），事業部制（divisionalized form），アドホクラシー（adhocracy）を挙げている（Mintzberg, 1981, pp. 105-113）。

(11) Kotter（2014）に関しては，村井章子訳書（2015）を参照。

第2章　X-Techにおける生命保険企業とイノベーション創出

　ネットワーク型組織は，個々人が自由に形成したネットワークを通して部門間の情報共有が促進され，イノベーションにつながるアイディアが生まれやすいとされ（北郷），将来を見通しづらい環境において，新規事業創造やイノベーション促進に適した組織形態である（北郷，橋本，2023，p. 14），とされる[12]。そして巨大IT企業には，ネットワーク組織的な要素を大事にする傾向がみられる。

　例えば，Googleのように，旧来型組織モデルの「普通の会社」の否定がGoogleの原動力であり（溝上，2010），階層型の"管理"が入り込む余地のない完全フラット型組織とされる（溝上，2015）。すべての産業の垣根が低くなるX-Tech下で，ネットワーク的要素を重視するGoogleのような組織は，高確率でイノベーション創出を，成功させる土壌を持つ組織といえる。また，Amazonにおいては「大企業（病）」を警戒する姿勢があるが（田中，2018），これは機械的官僚制のネガティブな面を警戒する姿勢であり，イノベーション創出を低下させない組織といえる。

　巨大IT企業の企業組織は，ネットワーク組織的要素の肯定とともに，機械的官僚制を警戒する組織文化を持ち，イノベーション創出が期待できる組織とみなすことができる。X-Tech時代のなかで，生命保険企業は，生保事業に必要な機械的官僚制の企業組織をそのまま保った状況で，イノベーション創出が得意な業界・企業と対峙するのである。

## Ⅲ　生保企業における企業組織，自前主義の問題とイノベーション創出

　X-Tech下での生保企業においては，**第2節のⅠとⅡ**から，2つの問題が確認できる。1つ目は，**第2節のⅠ**で見たような，仮に日本企業に目立つ自前主義が残存する場合，その企業のイノベーションに制限を与えてしまい，その状況のまま，X-Tech下での競争に突入する可能性である。

---

[12]　組織の個々人が自律的に動き，他者と協力し合いながら目的を達成することを企図としたネットワーク型組織にすることで，現場主導でアイディア創出から実現までのサイクルを持続的に起こすメカニズムが生まれる（北郷）。

*33*

自前主義には，規模の経済性や範囲の経済性が働くというメリットがあるとされる一方で（総務省，2019，p.162），現在の競争環境において，適応し続けられるのか，という疑問がある。インターネットに代表されるIT等の技術が急速に発達・普及し，変化の激しい競争環境のなかで，企業が内部資源のみによってイノベーションを生み出していくことの限界が明らかになり，自社のリソースのみでイノベーションの創出はもはや不可能である，とされる（JOIC，NEDO編集，2018，pp.1-3）。

　X-Tech時代の競争環境は，上述したような環境が激化しても軟化することはない。そうすると，内部資源のみのクローズド・イノベーションのみで，X-Tech時代を乗り切ることは困難となる。

　2つ目の問題は，**第2節**のⅡで見たような，生保企業特有の機械的官僚制の組織が，そもそもイノベーションに適さない性質とイノベーションの理解が薄いまま，X-Tech下での競争に突入することである。周知のとおり，生保業は規制下におかれた業界だが，Mintzberg（1981）によると，組織が外部の統制を受けるほど，組織はさらに集権化して，官僚化する傾向があるとされる（Mintzberg，1981，p.116）。すなわち，規制下で官僚組織化が進み，また規制下での生保事業・生保業務が第一義の生保企業において，イノベーションの理解と創出は難しいこととなる。伝統的な金融機関のカルチャーとイノベーションが相容れないという指摘は（アクセンチュア，2016，p.152），まさに生命保険企業が機械的官僚制の組織であることを物語っている。

　一方，頼りになるはずの規制も確実ではない[13]。Apple，Amazon，Facebook，Google，Microsoftは，ロビイスト軍団をワシントンに擁しているように（Reich，2017，p.37）[14]，規制下で選択肢が少ない生保企業に対して，規制に影響を与える選択肢を巨大IT企業等は多く持ち，その選択肢も強力である。また，**第1**

---

[13]　規制に関しては，Porter（2018）が挙げる7つの参入障壁の内の⑦政府の引き締め政策が該当し（Porter（2018）pp.43-47），これに関する議論は，田中（2019）を参照のこと。Porterに関しては，［竹内弘高監訳，Diamondハーバード・ビジネス・レビュー編集部訳書（2018）を引用・参照。

[14]　Reich（2017）に関しては，雨宮寛，今井章子訳書（2016）を参照。

第2章　X-Techにおける生命保険企業とイノベーション創出

節のⅡでのGalloway（2021）等の指摘にあるように，生保業界のブルーオーシャンのはずの医療・ヘルスケア分野に対し，巨大IT企業等が消費者に強く親和するプラットフォーム等を構築し，実質的に規制が無力化されていく可能性もある。

　上述の1つ目の問題が仮にある場合，2つ目の問題がある場合，生保業界でInsurTechへのイノベーションが取り組まれている場合でも，クローズド・イノベーション（Chesbrough, 2006, p.xx）や持続的イノベーション（sustaining innovation；Christensen, 2016, p.xxv）止まりとなる可能性が高い[15]。

　イノベーションのほとんどが持続的な性質とされるが（Christensen, 2016, p.xxv），新しい目的に適応せずに特定の目的に合った機械的官僚制構造は（Mintzberg, 1981, p.109），既に知っている市場に適合しやすいことになる。このため，破壊的イノベーションへの認識は存在しても，機械的官僚制特有のコンテクストにより，イノベーションへの取組みが，とくに持続的イノベーションに限定されてしまうことが考えられる[16]。

　生保企業は，規制下で生保業を継続する必要性と責任を帯びており，最適なのは，機械的官僚制の企業組織である。ただ，そこで自前主義の選択も可能ではあるが，従来的な生保業務を維持するだけならまだしも，X-Tech下の競争では大きなハンデを持つことになる[17]。そして，増大する外部の創造的破壊者

---

[15]　ほとんどの保険会社は，破壊的なイノベーションへの十分なリソース配分を怠っている，とされる（デロイト トーマツ コンサルティング（2020）p.1）。このように実際，保険業界におけるビジネスモデルの革新に向けたイノベーションの取組は，既存のビジネスモデルの改善に収斂しつつある（デロイト トーマツ コンサルティング（2020）p.13）。

[16]　Christensen（2016）によれば，イノベーションは「持続的イノベーション」と「破壊的イノベーション」に分かれるが，イノベーションのジレンマによって，優良な大企業が失敗をすることになる。勝負においてとるべき行動をそのとおりに行う優秀な経営陣そのものが根本原因であり，現在認められている優良経営の多くは特定の状況しか適していない（Christensen（2016）p.98；p.xvi）。

[17]　多くの保険会社は，縦割り型の環境でその場しのぎにイノベーションを捉えているため，ビジネスを変革する一方で，そのビジネスを運営することに困難を感じている，とされる（デロイト トーマツ コンサルティング（2020）p.10）。

による脅威に，保険業界の動きの遅い巨大企業が直面している（The Economist Group, 2019），と指摘されるように，X-Tech下での生保企業は，破壊的イノベーションの繰出しに長けた企業と対峙することになる。そして上述したように，頼りの規制も絶対ではない状況で，**第1節**のⅡでのIAIS（2017）により指摘されるシナリオ②やシナリオ③が現れることとなる。

　X-Tech下の競争では，生命保険企業において，機械的官僚制組織に加え，仮に自前主義的なクローズド・イノベーション止まりという条件がともなう場合，破壊的イノベーションの創出は難しくなる。このX-Tech下の競争では，とくに破壊的イノベーション創出の確率を上げる企業組織についての検討が必要となるのである。

# 第3節　X-Tech下での生命保険企業とイノベーションの創出

## Ⅰ　生命保険企業とオープン・イノベーションの流れ

　X-Tech下での熾烈な競争環境においては，生命保険業界・生命保険企業に限らず，イノベーションの創出が重要な鍵を握ることになる。

　イノベーションとは，組織が労働力，資本，原材料，情報を，価値の高い製品やサービスに変えるプロセスを意味する「技術」の変化，とされる。この技術の概念は，エンジニアリングと製造だけではなく，マーケティング，投資，マネジメント等のプロセスを包括する（以上，Christensen, 2016, p. xvii）。そして現在，イノベーションとしての取組みについては，Chesbrough（2006）が指摘するオープン・イノベーション（open innovation；Chesbrough, 2006, p. xxiv）による取組みが，顕著になりつつある。このオープン・イノベーションは，企業内部と外部のアイディアとを有機的に結合させ，価値を創造することとされる（Chesbrough, 2006, p. xxiv）。このオープン・イノベーションの目的としては，

*36*

第2章　X-Techにおける生命保険企業とイノベーション創出

異分野融合や科学成果応用による革新的なビジネス・商品の創出，グローバルな競争激化による製品ライフサイクルの短縮化に対応するための製品開発スピードの加速，大規模化した研究開発投資の軽減等が挙げられる（小田原）。そして，保険を含む多くの産業は，クローズド・イノベーションとオープン・イノベーションといった2つのパラダイムの間を移行中である（Chesbrough, 2006, p. xxviii)，とされる[18]。

　オープン・イノベーションの動向がイノベーションにおいて主流化していくなか，国内大手生命保険企業等も，その方向に舵を切っている。日本生命は，オープン・イノベーションの拠点として，「Nippon Life X」を有し，第一生命グループも「Dai-Ichi Life Innovation Lab」を設置し，グローバル・イノベーションに取り組んでいる。加えて，明治安田生命もオープン・イノベーション拠点「Meijiyasuda Open-innovation Co-create Center」を有し（明治安田生命，2022)，住友生命も「SUMISEI INNOVATION FUND」を有してオープン・イノベーションを指向している。

　Nippon Life Xは，日本生命のオープン・イノベーション拠点を設置し，グローバル4極体制でイノベーション推進に取り組んでいる。Nippon Life Xの練尾諭室長は，「昨今のデジタイゼーション，デジタライゼーション，デジタルトランスフォーメーションにおいては，自分たちで「つくる」のではなくて，「使う」というやり方に変わってきますし，さらにいうと，他の会社と一緒につくる「共創」が主流の時代になってきます」と述べる（堀田，2023)。そして同氏は，「「つくる時代」から「使う時代」に変わって，他社と組んで「一緒につくる」のが主流になることは間違いありません。共創するのがオープン・イノベーションだとすれば，もはやそれに取り組まない理由はありません」と述べる（堀田，2023)。

　自前主義で完結してきた日本生命のような生保企業であっても，現在はその

---

[18]　自動車，バイオテクノロジー，医薬品，ヘルスケア，コンピュータ，ソフトウェア，通信，銀行，保険，消費者包装，軍事産業は，2つのパラダイムの間を移行中である（Chesbrough, 2006, p. xxviii)，とされる。

*37*

自前主義から脱却する方向が生まれ，イノベーション創出における環境の厳しさを感じとることができる。X-Tech下では，イノベーション創出の重要性のため，オープン・イノベーションによる外部の資源等の導入が必要とされる競争環境ができつつあるのである。

## Ⅱ　官僚制組織とそのイノベーション創出

生命保険企業のオープン・イノベーションへの取組みは，X-Tech下で求められる一方で，生保企業が機械的官僚制組織であるなら，その組織に不向きな破壊的イノベーションの創出について検討が必要となる。

生保事業の維持と，破壊的イノベーション創出の両立に向けた企業組織構築の鍵としては，独立組織のスピンオフ（Spinning off an independent organization；Christensen, 2016, p. 217）や，アドホクラシー（adhocracy；Mintzberg, 1979, p. 432；1981, p. 111）等が参考となる[19]。とくにアドホクラシーとは，現代的な産業である宇宙産業，石油化学，シンクタンク，映画制作等に向いた組織形態であり，複雑なイノベーションへの要求に適する組織形態である（Mintzberg, 1981, p. 111）[20]。アドホクラシーは，限りなく流動的な構造で，権限は常に移動し，調整と統制は関係者間の相互調整によって，インフォーマルなコミュニケーションや有能なプロフェッショナル同士の相互作用を通して達成される（Mintzberg, 1981, p. 111）。例えば，NASAは管理的アドホクラシーの代表例であり（Mintzberg, 1981, p. 112），Appleの構造はアドホクラシー化し，iPhone等の企画・研究開発とアフターサービスに特化する一方で，製造・組立事業の機械的官僚制の部分は中国，台湾等の現地工場にアウトソースしている，とされる（村上，2018, p. 83）。

U-2，F-104，SR-71，F-117A等々ユニークで先進的な航空機の開発の成功

---

[19]　アドホクラシーの議論については，主にMintzberg（1981）や田中（2021b）等を参照のこと。

[20]　業務的アドホクラシー（operating adhocracy）と管理的アドホクラシー（administrative adhocracy）が，アドホクラシーにおいて指摘されているが（Mintzberg（1981）p. 112），本章で主に議論するのは，機械的官僚制とも親和する管理的アドホクラシーである。

第2章　X-Techにおける生命保険企業とイノベーション創出

を続けてきたLockheed Martinの開発チームのスカンクワークス（Skunk Works）
は（増田，1998，p. 522）[21]，官僚制組織の一部分を切り離し，距離を物理的にお
く組織である（村上，2018，p. 85）。標準化されたプログラムの管理から，この
スカンクワークスは離れ，「組織の中の組織」として，官僚制から切り離され
つつ，それを基盤とする（村上，2018，p. 85）。そしてアドホクラシーは，普通
のことはうまく処理できない一方で，イノベーションという点では，桁外れの
機能を果たす（Mintzberg，1981，p. 113），とされる。

　このように，破壊的技術で市場での強力な地位を築いた企業は，主流組織か
ら自律的な運営組織を独立させているように（Christensen，2016，p. 217），ス
カンクワークス的アドホクラシーや独立組織のスピンオフは注目すべき方向性で
ある[22]。

　以上のように，アドホクラシー的組織の構築や主流組織から自律的な運営組
織を独立させる方法は，生保企業の企業組織にとっても有効である。破壊的イ
ノベーションへの理解とともに，アドホクラシー的組織の構築に着手すること
は，生保事業に必要な官僚制組織の維持が可能となる一方，イノベーション創
出の確率も上げることができるのである。

## Ⅲ　X-Tech時代の生保企業の企業組織とイノベーション　　創出に向けて

　X-Tech時代の生命保険企業のイノベーション創出について最も重要なこと
は，オープン・イノベーションに取り組むだけではなく，イノベーションが創
出しやすい環境を理解し，整備し，維持することである。しかしながら，官僚
制化していく組織の性質や機械的官僚制構造の組織において，このような環境
を整備し，維持していくことは容易ではない。

---

[21]　スカンクワークスは，少数の優秀な技術者と職工からなる完全自立型の組織であり，
　社内の他組織から切り離すことで，とかくはびこりがちな官僚的手続きを排除して，
　仕事の遂行を容易にするものであった（増田（1998）p. 524）。

[22]　例えば，Aegonにおいては，社内におけるイノベーションは不可能に近く，グループ
　外に会社を設立している，とされる（デジタル銀行Knab；Peverelli and Feniks（2019））。

*39*

まずは①として，本来，どのような組織でも自然と官僚組織化していく方向があることを認める必要がある。例えば，Kotter（2014）は，企業が成功し続け拡大した場合，ある時点で組織階層が巨大化し，ネットワーク組織の成長を阻害するようになる。この段階で創業当時のメンバーは愛する会社が「官僚的」になったと感じ，去っていくケースも少なくない。階層組織はネットワーク組織を呑み込み，あるいは自然に解体していく。FacebookやGoogleでさえ，組織のライフサイクルに不可避のこうした変化に脆弱である（以上，Kotter，2014，pp.68-72），と指摘する。このKotter（2014）の指摘を借りれば，完全フラット型組織とされる（溝上，2015）Googleのような組織でさえ，官僚型の階層組織に変化していく恐れがあることから，そもそも機械的官僚組織の生命保険企業をネットワーク型組織にすることは困難となる。そして，そのような試みはイノベーティブな組織風を纏った，機械的官僚組織を再現させるだけで，問題を一層複雑に，みえにくくする可能性がある。

　次に②として，生保企業におけるFinTech・InsurTechへの対応として，ラボや専門部署等を設立してイノベーションに取り組むことは有効な選択肢である。ただ，Christensen（2016）の議論を参考にすれば，オープン・イノベーションであろうとクローズド・イノベーションであろうと，主流組織からのプレッシャーや非寛容がある場合，イノベーションの創出は難しくなる[23]。イノベーションの原始スープは，イノベーティブであろうとする人々にやりたいようにやらせるための環境である（Schmidt and Rosenberg with Eagle.，2015，p.211），とされる[24]。実際，Nippon Life Xの練尾諭室長の「まずはトップのコミットメントで，次に，実際にDXを推進する現場の部隊に意思決定を任せること（堀田，2023）」，という指摘の重要性は傾聴に値する。すなわち，この種の組

---

[23]　Kotter（2014）は，多くの成功企業が採用する，指揮統制型の階層組織が基盤になって，タスクフォース等のチームを組織図上でエグゼクティブと直結させるような変革手法は，もともとの発想が階層組織から生まれたものだけに，自ずと限界があり，単なる先延ばし戦術であることを指摘している（Kotter（2014）pp.70-72）。

[24]　Schmidt and Rosenberg with Eagle（2015）については，土方奈美訳書（2014）を参照。

第2章　X-Techにおける生命保険企業とイノベーション創出

織が機械的官僚制の親組織の影響下におかれず，自由な発想と裁量が確保される組織であり続けなければ，オープン・イノベーション風の組織が存在しているだけとなる。

　上述の①と②から，そもそも，生命保険企業のような機械的官僚制組織では，イノベーションとりわけ破壊的イノベーションへの理解と創出が難しいこと，イノベーション創出に向けた組織を作っても，それが絶えず形骸化する恐れがあることを理解する必要がある。

　X-Tech時代の生保企業においてまず必要な姿勢は，大企業と生命保険業という2つの性質から，基本的に，機械的官僚制の性質そのものを絶つことはできないし，否定すべき必要もないということである。そこでは，「管理主義」と「自由な発想に基づくイノベーション」（村上，2018，p.76）を満足させた組織が要求される。そして，官僚制組織の単なる否定ではなく，官僚制組織の強みとイノベーション創出に長けた組織の強みに対して，均衡を持った見方と取組みが要求される。

　オープン・イノベーションの流れで組織を稼働させていく方向性は，X-Tech時代に避けられないし，必要なものである。それを前提としたうえで，前述の①の議論から，まず留意すべきことは，生保企業がイノベーション創出に不向きな機械的官僚制組織であることを忘れないことである。そしてイノベーション創出と機械的官僚制組織に関して均衡を持った認識を持っているつもりでも，イノベーションへの取組みに対して，いつの間にか機械的官僚制や優良企業的に染まった視点や取組みに変化していかない姿勢を保つことである。

　前述の②の議論から導かれる重要なことは，イノベーションに取り組む組織がオープン・イノベーションであってもクローズド・イノベーションであっても，スカンクワークス的アドホクラシーやこの種の独立組織の独立性を「真」に確保していることである。このことは，破壊的イノベーション創出という最重要課題に対して，オープン・イノベーションが重要か，クローズド・イノベーションが重要か，という問題よりも，一段レベルの高いものであり，最優先で取り組むべきことである。

*41*

そして，これら上述の①と②の議論から留意され，導かれた2つの指摘の実施の際に重要な軸は，イノベーション創出においては，企業上層部と独立組織の構成員が，Schmidt等が指摘するように，顧客というよりユーザに焦点を絞れば利益は後からついてくる（Schmidt et al., 2015, p. 215），というシンプルながら難しい視点を有し，保つことである。田中（2019：2021b）でも指摘するように，今までの生保サービスの「形」にこだわることなく，「消費者ニーズの絶対性」と「消費者ニーズの延長線上での生保業」という2つの視点を軸として，イノベーション創出に取り組むことが必要となるのである[25]。

オープン・イノベーション組織へ過度に期待した経営を行うことは，オープン・イノベーション組織に必要以上に依存し，企業組織の構成員全体のコミットメントを低下させてしまう恐れもある。また生保企業の戦略として，スタートアップの買収等は選択肢として有力であるが，巨大IT企業等との資本力の問題に加え，X-Tech時代に向けて，生保企業におけるイノベーションへの理解や創出を減退させる可能性もある。

一方，生保企業のような機械的官僚制組織でかつ優良企業においても，その組織の性質上，優秀な人的資源とそれらによる発想が活用されずに眠っている可能性は高い。自前主義やクローズド・イノベーションに固執する必要はないが，オープン・イノベーションのみに過度に依存する必要はないし，自社の優秀な人的資源を活用しない手はない。

それらの未知数の資源を活用するために，オープン・イノベーション組織とは別の自社資源中心のアドホクラシー的組織を構築し，オープン・イノベーション組織と競わせていくことも，機械的官僚制組織の構成員全体のコミットメント意識を活性化し，組織内の資源を活用できることになる[26]。加えて，

---

[25] Nippon Life Xの練尾諭室長の「実際にDXを推進する現場の部隊に意思決定を任せたうえで，お客さまからのフィードバックをいち早くもらい改善につなげていくこと。社内のフィードバックでは決してありません」（堀田（2023））という指摘は，消費者ニーズの絶対性を裏打ちするものである。

[26] ここでの議論は，Chesbrough（2006）のオープン・イノベーションの考え方である「社内と社外のアイディアを最も有効に活用できた者が勝つ」（Chesbrough（2006）

オープン・イノベーションであっても，クローズド・イノベーションであっても，イノベーションを創出する組織が単独である場合は，生命保険企業内において，その種の組織への依存が強くなることで企業内でのバランスが崩れたり，その組織が単独であるために，組織への刺激も薄くなり，パフォーマンスが低下する恐れがある。そのような事態を避けるためにも，アドホクラシー的な別組織を複数作成し，オープン・イノベーションを主とする組織とクローズド・イノベーションを主とする組織等を並行しながら複数競わせていくのは，その企業を活性化させ，イノベーション創出に大きく貢献できる可能性がある。

　最も重要なことは，消費者ニーズの絶対性と，消費者ニーズの延長線上での生保業という2つの視点を軸とした，イノベーション，とくに破壊的イノベーションの創出であり，そのための資源等の獲得は生命保険企業外からでも企業内からでもよいはずである。このためには，生保企業の上層部が，イノベーション創出における本質的な重要性を明確に認識し，「真」に独立した組織やアドホクラシー的組織等を発展させて自由を与え，イノベーション創出の環境を整えることが問われるのである。

# むすびにかえて

　本章では，X-Tech下での競争に対応する生命保険企業のイノベーション創出について，オープン・イノベーションの議論を加味した分析を加えながら，それを可能にする企業組織の方向性についての考察を行った。

　**第1節**では，X-Tech下においては，各業界間の壁が全産業において低くなる一方で，この状況に巨大IT企業が容易に適応できることから，生命保険業界・生命保険企業の楽観的ではない先行きについて説明した。次に**第2節**では，日本企業特有の自前主義に触れながら，生命保険企業と官僚制組織の特質を説

---

　p. xxvi）に近いものといえる。

明し，X-Tech下での生命保険企業の自前主義と官僚制組織におけるイノベーション創出についての難しさを指摘した。そして**第3節**では，生保企業のオープン・イノベーションへの取組みについて説明し，官僚制組織でのイノベーション創出の方向性を指摘し，X-Tech時代における生保企業のイノベーション創出のあり方について指摘を行った。

X-Tech下での生命保険企業においては，生保業の継続と責任のために機械的官僚制組織を肯定する一方で，イノベーションの理解と創出に向けた実質のある取組みが問われる。すなわち，X-Tech下の生保企業では，管理とイノベーション創出双方のバランスをとり，持続的イノベーションだけではなく，とくに破壊的イノベーション創出に向けた企業組織構築への取組みが必要となる。

そこで最も重要なことは，オープン・イノベーションでもクローズド・イノベーションでもなく，機械的官僚制組織を確信を持って保ちながら，イノベーションを担う組織に自由な環境を提供することで，破壊的イノベーションが創出しやすい環境を整備することである。そのうえで肝要なのは，その組織体制を活かす消費者ニーズの絶対性とその延長線上での生保業を軸とした戦略的方向性を保持し，イノベーションの創出と対応に取り組むことである。それらの取組みの維持とそこから創出されるイノベーションこそが，新しい時代の生命保険業界と生命保険企業に繁栄をもたらし，新しい時代の消費者に利益と夢を与えるのである。

### ≪引用・参考文献，引用・参考資料≫

Chesbrough, H. W.（2006）*Open Innovation*, Harvard Business School Press, Boston, Massachusetts［大前恵一朗訳（2004）『Open innovation』産業能率大学出版部］。

Christensen, C. M.（2016）*The Innovator's Dilemma*, Harper Business Review Press, Boston, Massachusetts［伊豆原弓訳（2001）『イノベーションのジレンマ』増補改訂版，翔泳社］。

Galloway, S.（2021）*Post Corona*, Corgi Books, London［渡会圭子訳（2021）『GAFA next stage』東洋経済新報社］。

Gratton, L. and A. Scott（2016）*The 100-Year Life*, Bloomsbury Information, an imprint

第2章　X-Techにおける生命保険企業とイノベーション創出

of Bloomsbury Publishing, London［池村千秋訳（2016）『Life shift』東洋経済新報社］。

Kotter, J. P.（2014）*Accelerate*, Harvard Business Review Press, Boston, Massachusetts［村井章子訳（2015）『ジョン・P・コッター実行する組織』ダイヤモンド社］。

Mintzberg, H.（1979）*The Structuring of Organizations*, Prentice-Hall, Englewood Cliffs, New Jersey.

Mintzberg, H.（1981）"Organization Design : Fashion or Fit ?", *Harvard Business Review*, January-February 1981, pp. 103－116.

Mintzberg, H.［DIAMONDハーバード・ビジネス・レビュー編集部編訳（2007）］『H. ミンツバーグ経営論』ダイヤモンド社。

Porter, M. E.［竹内弘高監訳, Diamondハーバード・ビジネス・レビュー編集部訳（2018）］『競争戦略論Ⅰ』新版, ダイヤモンド社。

Reich, R. B.（2017）*Saving Capitalism*, Icon Books, London［雨宮寛, 今井章子訳（2016）『最後の資本主義』東洋経済新報社］。

Schmidt, E. and J. Rosenberg with A. Eagle（2015）*How Google works*, John Murray, London［土方奈美訳（2014）『How Google works　私たちの働き方とマネジメント』日本経済新聞出版社］。

Weber, M.［世良晃志郎訳（1960）］『支配の社会学Ⅰ』創文社。

Weber, M.［世良晃志郎訳（1970）］『支配の諸類型』創文社。

Weber, M.［阿閉吉男, 脇圭平訳（1987）］『官僚制』恒星社厚生閣。

Weber, M.［濱嶋朗訳（2012）］『権力と支配』講談社（講談社学術文庫）。


アクセンチュア（2016）『フィンテック　金融維新へ』日本経済新聞出版社。

雨宮寛二（2015）『アップル, アマゾン, グーグルのイノベーション戦略』NTT出版。

井上俊剛（2018）「招待講演：FinTech革命が保険監督, 保険業界に与える影響」『保険学雑誌』第640号, pp. 1－34。

荻原博子（2002）「生保淘汰時代の商品開発に逆転の発想を！」東洋経済新報社「21世紀の保険ビジネス　2002年版」『週刊東洋経済　臨時増刊』pp. 133－137。

北郷聡, 橋本洋人監修（2023）『変化に強く, イノベーションを生み出すネットワーク型組織のつくり方』すばる舎。

田中隆（2019）「X-Techの影響下における生命保険（事業）とその可能性」『生命保険論集』第208号（別冊）, pp. 177－222。

田中隆（2021a）「生命保険における「助け合い」と相互性に関する考察」『保険学雑誌』第652号, pp. 193－214。

田中隆（2021b）「X-Techにおける生命保険企業の企業組織」『生命保険論集』第217号, pp. 33－64。

庭田範秋（1977）『保険経営論』有斐閣（有斐閣双書）。

増田興司（1998）「ブレークスルーのための開発組織」『日本機械学会誌』日本機械学会, Vol. 101, No. 956, pp. 522－524。

村上綱実（2018）『非営利と営利の組織理論』第3版, 絢文社。

柳川範之（2018）「講演：技術革新が金融・産業構造に与える影響」『生命保険論集』第
　　203号，pp. 1 － 50。

若林直樹（2009）『ネットワーク組織』有斐閣。

Peverlli, R. and R. de Feniks（2019）"Blurring Boundaries Drive Innovation", *Digital Insurance Agenda*, Aug 5, 2019, ITC DIA Europe（https://www.itcdiaeurope.com/thought-leadership/blurring-boundaries-drive-innovation/?utm_source=AEGON&utm_medium=social&utm_campigin=mediapartAEGON_Insurtech% 20 Japan）〔hokan（2019）「領域の統合がイノベーションを加速する『InsurTech Japan』2019年12月9日〕を参照（https://insurtechjapan.com/+dIa_community_1912：それぞれ2024／3／14にアクセス）。

阿部幸治（2018）「すべて"自前主義"で店舗事業より高い利益率を実現＝ヨドバシカメラ藤沢　和則副社長兼CIO」『DIAMOND Chain Store online』ダイヤモンド・リテイルメディア，2018年6月15日（https://diamond-rm.net/management/ 85835／：2024／3／14にアクセス）。

阿部幸治（2023）「しまむら鈴木誠社長が語る「3期連続増収増益」達成の打ち手とは」『DIAMOND Chain Store online』ダイヤモンド・リテイルメディア，2023年7月12日（https://diamond-rm.net/management/ 461547／：2024／3／14にアクセス）。

小田原英輝「オープン・イノベーション（Open Innovation）／クローズド・イノベーション（Closed Innovation）」日本能率協会コンサルティングHP『用語集』（https://www.jmac.co.jp/glossary/a/open_innovation.html#pageTop：2024／3／14にアクセス）。

北郷聡『サービス：ネットワーク型組織設計モデル』デロイト トーマツ コンサルティングHP（https://www 2.deloitte.com/jp/ja/pages/human-capital/solutions/hcm/organization-network-design.html：2024／3／14にアクセス）。

田中道昭（2018）「アマゾン「スピード経営」のカギとは？「アマゾンの大戦略」に学ぶMBA講座　第3回」『ZUU online』ZUU，2018年10月5日（https://zuuonline.com/archives/ 189172：2024／3／14にアクセス）。

堀田栄治（2023）「脱自前主義で共創に活路を見いだす，ニッセイ流オープンイノベーションとは」JBpress『Japan Innovation Review』日本ビジネスプレスグループ，2023年5月16日（https://jbpress.ismedia.jp/articles/-/ 74946：2024／3／14にアクセス）。

溝上憲文（2010）「グーグル式「管理しない人事」がイノベーションを起こす」『PRESIDENT Online』プレジデント社，2010年9月23日（https://president.jp/articles/-/ 3218：2024／3／14にアクセス）。

溝上憲文（2015）「なぜグーグルでは「チームメート」なのか」『PRESIDENT Online』プレジデント社，2015年2月3日（https://president.jp/articles/-/ 14479：2024／3／14にアクセス）。

山本康正（2023）「保険業界も巨大ITに呑み込まれる？アップルやグーグル，アマゾンの具体策」『FinTech Journal』SBクリエイティブ，2023年10月2日（https://www.

sbbit.jp/article/fj/ 122643：2024／ 3 ／14にアクセス）。

IAIS（2017）*FinTech Developments in the Insurance Industry.*

IBM Institute for Business Value（2016）『保険業界におけるイノベーション』。

オープンイノベーション・ベンチャー創造協議会（JOIC），新エネルギー・産業技術総合開発機構（NEDO）編集（2018）『オープンイノベーション白書　第二版』経済産業調査会。

経済産業省（2016）『平成28年版　通商白書』。

総務省（2018）『平成30年版　情報通信白書』。

総務省（2019）『令和元年版　情報通信白書』。

デロイト トーマツ コンサルティング（2020）『インシュアテック時代における保険のイノベーションの加速』。

東洋経済新報社（2018）「生保・損保特集：2018年版」『週刊東洋経済 臨時増刊』。

www.pwc.com/jp（2019）『保険業界におけるデジタルイノベーションへの挑戦』。

明治安田生命（2022）「社外との連携・協業を通じた新たな価値創造に向けた取組みについて」『NEWS RELEASE』2022年 9 月28日。

The Economist Group（2019），"Run for Cover：The Future of Insurance is Happening without Insurance Firms", *The Economist,* Jul 20th 2019 edition（https://www.economist.com/finance-and-economics/ 2019／ 07／ 20／the-future-of-insurance-is-happening-without-insurance-firms：2024／ 3 ／14にアクセス）。

しまむらグループHP（https://www.shimamura.gr.jp/company/business/model.html：2024／ 3 ／14にアクセス）。

ジャパネットグループHP（https://corporate.japanet.co.jp/recruit/credo/：2024／ 3 ／14にアクセス）。

住友生命HP「住友生命が目指すオープンイノベーション」『住友生命について』（https://www.sumitomolife.co.jp/about/cvc/：2024／ 3 ／14にアクセス）。

第一生命ホールディングスHP『第一生命グループのグローバルイノベーション』（https://www.dai-ichi-life-hd.com/about/aims/global_innovation/index.html：2024／ 3 ／14にアクセス）。

Nippon Life X　HP（https://www.nissay.co.jp/kaisha/nipponlifex/）。

グロービス経営大学院HP『MBA用語集』（https://mba.globis.ac.jp/about_mba/glossary/detail- 12111.html：2024／3／14にアクセス）。

# 第3章
## 「生命保険に関する全国実態調査」にみる顧客満足度の実態
### −チャネル満足度に着目して−

# は じ め に

　生命保険会社は，顧客満足度の向上に従来から力を注いできた。近年は，金融庁による「顧客本位の業務運営」の推進により，評価指標として顧客満足度を管理することの重要性は増しており，各社も，これに対する取組み方針や取組み状況のほか，顧客満足度やそれに代わる指標であるNPS（Net Promoter Score）の数値を公表している。

　加えて，最近では，デジタル化の進展にともなって，顧客体験価値の向上や，それを通じた顧客価値創造，顧客ロイヤルティ向上への関心も高まっており，顧客満足度の向上はますます重要な経営課題になると考えられる。

　そうしたなか，3年ごとに定点観測を行っている生命保険文化センター「生命保険に関する全国実態調査」（以下「実態調査」とする）には，2006年から満足度に関する設問が取り入れられていることから，その結果を，個票データを用いて分析し，同調査が示す顧客満足度の経年変化の実態を明らかにすることには意義があると考えられる。同調査は，顧客満足度のための調査ではないという制約はあるものの，市場における顧客満足度の実態を分析することで，今

後の顧客満足度向上の取組みに向けた課題が得られる可能性がある。

# 第1節　分析枠組み

## I　実態調査における満足度に関する設問の構造

　実態調査における満足度に関する設問の全体像は，【図表1】のとおりである。大別して「チャネル（加入先）」「商品」「会社・商品・サービス全般」の3種類である。2006年調査から継続して同じ設問がある（設問番号は異なる。本章

【図表1】　実態調査における満足度関連設問の状況

| 種類 | チャネル（加入先） | 商　　品 | 会社・商品・サービス全般 |
|---|---|---|---|
| 今回加入で選択 | （3-17）その生命保険は，どのような方法で加入（契約を締結）されましたか。 | （3-12）その保険はどのような種類の保険ですか。1～14のいずれかの番号に〇をつけてください。 | なし |
| 満足度構成要素 | （3-18）その加入先について，現在どのような点に満足していらっしゃいますか。次の中からいくつでも選んでお答えください。 | （3-20）その生命保険商品について，現在どのような点に満足していらっしゃいますか。次の中からいくつでも選んでお答えください。 | （3-23）その生命保険会社について現在どのような点を評価していますか。次の中からいくつでも選んでお答えください。 |
| 満　足　度 | （3-19）それでは，その加入先について，現在どの程度満足なさっていますか。 | （3-21）それでは，その生命保険商品について，現在どの程度満足なさっていますか。 | （3-22）その生命保険会社の商品やサービス全般について，現在どの程度満足なさっていますか。 |
| 今後の希望 | （14-1）お宅で今後，仮に生命保険や個人年金保険に加入されるとしたら，どちらから加入したいとお考えですか。 | なし | なし |

出所：生命保険文化センター（2021）「生命保険に関する全国実態調査」より抜粋。

50

では，2021年調査の設問番号を用いる）。

　設問を，「今回加入で選択したもの」「満足度を構成する要素」「満足度」「今後の希望」で区分すると，「会社・商品・サービス全般」には，「今回加入」と「今後の希望」に関する設問が，「商品」には，「今後の希望」に関する設問がないが，「チャネル」には，４つのカテゴリーの設問がすべて揃っている。特に，今回加入チャネルに加え，今後の希望チャネルを尋ねている点で，他の２つの満足度に比べ，深みのある分析ができる可能性がある。

　以上より，本章においては，「チャネル」に関する満足度を中心に分析することとし，実態調査における他の設問との関係性を可能な限り明らかにすることを試みたい。

## Ⅱ　満足度の尺度

　実態調査における「チャネル満足度」に関する設問（3-19）は，「満足」「やや満足」「やや不満」「不満」の四択である。本章における満足度の尺度は，次の式で計算される数値を「満足度スコア」と定義して用いることとする。

満足度スコア＝（「満足」回答者数 －「やや不満」回答者数
－「不満」回答者数）÷総回答者数

　この尺度の計算は，「やや満足」回答者数を式に算入しないという特徴がある。そのような考え方としたのは，以下に示す３つの理由に基づく。

理由①：回答における中心化傾向が著しく強いことである。日本人におけるアンケート回答ではしばしばそのことが指摘されるが，実態調査においては，「やや満足」の占率が，2006年の65.3%，2021年の55.8%と恒常的に高水準である。この間，「満足」は19.4%から29.8%へ，「やや不満」「不満」の合計は14.6%から5.9%に変化している。この回答割合からは，「やや不満」は明確な不満の意思の表明と考えられるが，「やや満足」には，いわゆる「どちらともいえない」にあたる回答が含まれ，すべてが明確な「満足」の意思表明とはいいにくいと考えられる。

*51*

**理由②**：他の尺度と比較し，(a)変化の傾向を視覚的に明確に把握できる，(b)恣意的なスケール変更の必要がない，というメリットがある。例えば，満足4点，やや満足3点，やや不満2点，不満1点として算出した総得点を回答者数で割った値は，2006年の3.01，2018年の3.16と上昇しているが，グラフ化すると変化がみえづらい（2021年の同数値は「不明」の回答が多いため，2.98）。変化をみやすくするにはグラフの縦軸を，0からではなく2.5や2.8から始めるなどの恣意的なスケール変更が必要となる。これに対し，「満足度スコア」で算出された数値は，後述するとおり（【図表2】を参照），視覚的にも明確に変化を把握することができ，スケール変更の必要もない。

**理由③**：生保各社において，満足度に代わる指標として，中立的な回答（「どちらともいえない」）を算入しない指標を用いる例が増えてきている。ネット・プロモーター・スコア（NPS®，ベイン・アンド・カンパニー，フレッド・ライクヘルド，サトメトリックス・システムズの登録商標）といい，顧客ロイヤルティを図る指標の1つである。「当社を他者にも勧めたいか」を，0〜10の11段階で回答してもらい，「推奨者割合」（9〜10の人の割合）から「批判者割合」（0〜6の人の割合）を差し引いて計算する。「中立者割合（7〜8）」は算入しない。海外の生保では採用している会社が多いが，日本でも，第一，明治安田，メットライフ，マニュライフ，エヌエヌ，チューリッヒ，楽天などが利用するようになっている。

# Ⅲ　サンプルのセグメンテーション

チャネル満足度の分析にあたっては，加入者の加入先（チャネル）選択をもとに，サンプルを受動・能動という軸を用いたセグメントに分割して行うこととする。受動・能動とは，生命保険加入時における加入者の態度のパターンを意味する。本分析では，受動・能動の区分は，加入者が用いた加入先（チャネル）の違いにより，次のとおり定義する。

**【受動】**　加入者が，募集人による勧誘行為を受け，それをきっかけに加入することが多いと考えられる加入経路（チャネル）。設問における選択肢

第3章 「生命保険に関する全国実態調査」にみる顧客満足度の実態

では，以下が該当する。

・家庭に来る生命保険会社の営業職員

・職場に来る生命保険会社の営業職員

・郵便局の窓口や営業職員

・都市銀行の窓口や銀行員（ゆうちょ銀行を含む）

・地方銀行，信用金庫，信用組合の窓口や銀行員

・信託銀行の窓口や銀行員

・証券会社の窓口や営業職員

【能動】　加入者が，加入検討にあたって，自ら行動を起こした後に加入に至ることが多いと考えられる加入経路（チャネル）。設問における選択肢では，以下が該当する。

・通信販売（インターネットを通じて）

・通信販売（テレビ・新聞・雑誌などを通じて）

・生命保険会社の窓口

・保険代理店（金融機関を除く保険ショップ等）の窓口

・保険代理店（金融機関を除く）の営業職員

・勤め先や労働組合等を通じて

　能動チャネルのうち「保険代理店（金融機関を除く）の営業職員」は，受動チャネルに区分することが適当である可能性もあるが，このチャネルは，実態調査における過去の設問では「保険代理店」の選択肢の一部であるため，時系列分析を主眼とする本分析では，一貫性の観点から能動チャネルに区分することとする。

　加入者によるチャネル選択の設問には，今回加入チャネル（設問3−17）と今後の希望チャネル（設問14−1）の2つがあるので，受動・能動の軸で組み合わせると，セグメントは，受動加入・受動希望，受動加入・能動希望，能動加入・受動希望，能動加入・能動希望の4つとなる。

53

# Ⅳ　分析のステップ

　セグメンテーションを用いることから，最初に全体像を把握しておく必要がある。分析のステップとしては，次のように進めることとする。

## ①　第一段階

　チャネル満足度スコアについて，全サンプルの経年変化，加入時点の能動・受動２セグメントの経年変化，加入・希望チャネルを組み合わせた４セグメントの経年変化の状況を確認する。

## ②　第二段階

　加入・希望チャネルを組み合わせた４セグメントについて，実態調査の満足度に関係があるかもしれない以下の９つの設問とのクロス集計をとり，(a)４つのセグメントがどのような類似性で区分できるか，(b)満足度の高低で分けたセグメントに共通する特徴があるか，について確認する。

　９つの設問は，以下のとおり（設問名は筆者による）。

【加入者の属性に関する設問】

・年代（設問Ｆ２，ただし，一定のサンプル数が確保できるよう，20〜30歳代，40歳代，50歳代，60歳代，70歳以上の５区分に分けた）

・生保知識（設問15-2）

【加入行動に関する設問】

・情報源（設問3-13）

・比較経験（設問3-14）

・加入理由（加入決断要因）（設問3-15）

・加入商品（設問3-12）

【加入に対する評価に関する設問】

・チャネル満足度要素（設問3-18）

・商品満足度（設問3-21）

・商品満足度要素（設問3-20）

第3章 「生命保険に関する全国実態調査」にみる顧客満足度の実態

③ 第三段階
第一，第二段階の結果をまとめる。

# 第2節 分析結果

分析ステップ三段階の分析結果を示す。

## Ⅰ 第一段階の分析結果

### ① 全サンプルならびに加入時点の能動・受動2セグメントのチャネル満足度スコア

全サンプルでみたチャネル満足度スコアは，2006年の4.8％から，2021年の23.9％へと継続的な上昇傾向が観察される（【図表2】「全サンプル」の折れ線）。加入時点の能動・受動2セグメントは，ほぼすべての調査年で，能動加入が全体より高く，受動加入が低くなっている。

### ② 加入・希望別能受動4セグメントのチャネル満足度スコア

4セグメントに分けて測定すると，2セグメントの時よりも，より一層顕著な特徴が観察される。すなわち，加入・希望チャネルが不一致のセグメントの満足度スコアが，一致のセグメントに比べ，一貫してかなりの低水準となっていることである（【図表3】）。能動加入・受動希望（能動受動），受動加入・能動希望（受動能動）セグメントが，受動加入・受動希望（受動受動），能動加入・能動希望（能動能動）セグメントに比べ，常に低水準である。

4セグメントの満足度スコアは，いずれも継続的な上昇をみせていることから，満足度が改善していることは間違いない。しかし，これだけの長期間にわたり，セグメント間でこれだけの顕著な差異が一貫して存在するということは，全体の満足度の水準が上昇しているとはいえ，満足度向上という観点で改善すべき大きな課題が潜んでいることを示唆するものと考えられる。

*55*

**【図表2】** チャネル満足度スコア推移（全サンプル・2セグメント）

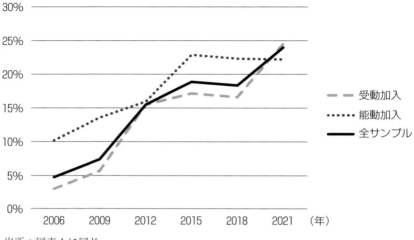

出所：図表1に同じ。

**【図表3】** チャネル満足度スコア推移（4セグメント）

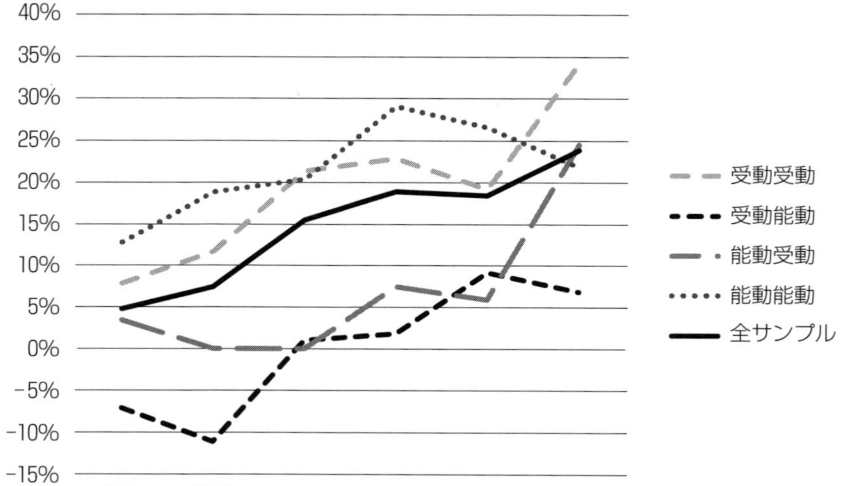

出所：図表1に同じ。

# Ⅱ 第二段階の分析結果

　以下では、加入・希望チャネルを組み合わせた4セグメントについて、9つの設問とのクロス集計結果をみていく。このとき、(a)4つのセグメントがどのような類似性で区分できるか、(b)満足度の高低で分けたセグメントに共通する特徴があるか、について確認する。

## (1) 「年代」とのクロス集計結果

　4セグメントの年代構成を経年で確認すると、年代構成割合は、セグメントにより割合は異なるものの、経年でおおむね安定的な推移をみせている（図表略）。そこで、年代構成割合については、全調査年の平均値をとることで要約した形で示すこととする。結果が【図表4】である。構成割合が類似するセグメントは、受動受動と能動受動、受動能動と能動能動である。類似性の軸は、加入セグメントではなく、希望セグメントである。受動受動、能動受動セグメントの年齢層が相対的に高く、受動能動、能動能動セグメントの年齢層が相対

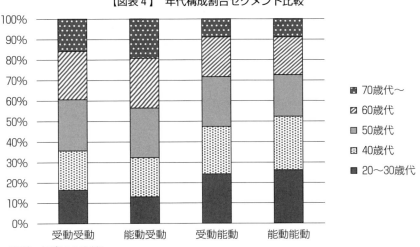

【図表4】　年代構成割合セグメント比較

出所：図表1に同じ。

的に若い。満足度の低い2つのセグメント（能動受動，受動能動）に共通する特徴はみられない。

　なお，これ以降に行うクロス集計において，セグメントの時系列推移が経年で安定的な場合には，平均値をとる形で特徴を要約することとする（以下，この手法を「平均値方式」と呼ぶ）。

(2) 「生保知識」とのクロス集計結果

　生保知識に関する設問は，2015年，2018年，2021年の3回しかないため，平均値方式ではなく，次の計算式を用いて生保知識あり回答者の割合を尺度化し，経年の推移をみることとした。

「生保知識あり回答者割合」＝（「ありに近い」回答者数＋「どちらかといえばありに近い」回答者数）÷総回答者数

結果は，【図表5】のとおりである。

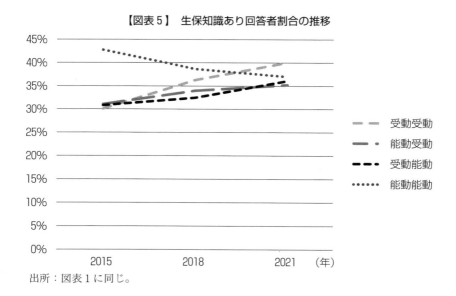

【図表5】　生保知識あり回答者割合の推移

出所：図表1に同じ。

セグメントの類似性は，加入・希望チャネルが一致するセグメントの知識あり回答者割合が高く，不一致のセグメントが低いという点である。高満足度セグメントの生保知識が高く，低満足度セグメントで低いということである。ただし，その差は大きくない。

### (3) 「情報源」とのクロス集計結果

情報源の設問は，選択肢の数が多いため，以下の5つの区分にまとめ直し，それぞれの回答者割合を平均値方式で比較した。結果が【図表6】である。

【営業職員情報源】生保営業職員
【金融機関情報源】銀行・証券，郵便局
【人的能動情報源】代理店窓口，代理店営業職員，生保窓口，FP等，第三者機関
【非人的能動情報源】テレビ等，決算資料，パンフレット，DM，ホームページ，比較サイト

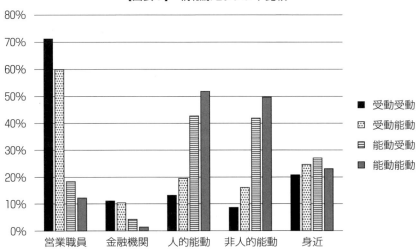

【図表6】 情報源セグメント比較

出所：図表1に同じ。

【身近情報源】家族・親類，友人・知人，職場

　セグメント類似性の軸は，希望チャネルではなく，加入チャネルである。受動加入で営業職員・金融機関を情報源とする加入者が多く，能動加入で人的・非人的能動情報源を利用する加入者が多いという，ある意味，当然の結果ともいえる。能動加入で営業職員・金融機関を情報源とする割合が最も低く，受動加入で人的・非人的情報源を利用する割合が最も低いという，正反対の結果となっている。情報源利用が加入チャネルの影響を受けていることから，低満足度セグメントに共通する特徴はみられない。

　興味深い特徴として，低満足度セグメントの構成割合が，高満足度セグメントの構成割合の中間的な水準となっているという傾向を指摘できる。例えば，営業職員情報源では，高満足度セグメントが，受動受動のように71.2％と最も高いか，能動能動のように12.2％と最も低い割合であるのに対し，受動能動は59.9％と同じ受動加入でありながら受動受動ほど高くなく，逆に，能動受動は18.4％と同じ能動加入でありながら能動能動ほど低くない割合となっている。つまり，満足度の高い加入希望チャネル一致者に比べ，満足度の低い加入希望チャネル不一致者は，やや中途半端ともいえる情報源利用割合となっているということである。このことは，「身近」以外の情報源すべてにあてはまる傾向となっている。


⑷　「比較経験」とのクロス集計結果

　本設問は選択肢がシンプルであることから，4セグメントにおける「比較あり回答者」（「特に比較はしなかった」回答者以外の加入者）割合の推移をみた。結果は，以下のとおりである（左端が2006年。以下3年ごとに2021年まで6回分。カッコ内は6回分の平均値）。

| |
|---|
| 受動受動：27.9％，26.5％，27.6％，23.9％，25.5％，21.5％（25.5％）<br>受動能動：29.2％，33.3％，30.9％，23.3％，30.6％，28.4％（29.3％）<br>能動受動：43.2％，40.8％，40.0％，40.4％，45.6％，40.4％（41.7％）<br>能動能動：49.3％，52.7％，52.0％，48.5％，48.3％，54.8％（51.0％） |

第3章 「生命保険に関する全国実態調査」にみる顧客満足度の実態

　セグメント類似性の軸は，加入チャネルである。全般に，能動加入が高く，受動加入が低くなっている。低満足度セグメントに共通する特徴はみられない。ただし，(3)の「情報源」でも指摘した，低満足度セグメントの割合が高満足度セグメントの割合の中間的な水準という特徴がみてとれる。受動能動の平均値29.3％は，満足度の高い受動受動の25.5％ほど低くなく，能動受動の平均値41.7％は，満足度の高い能動能動の51.0％ほど高くない。比較行動の有無が単純に満足度を上下させるという関係になっておらず，他の要因が関わっていることが推測される。


(5) 「加入理由（加入決断要因）」とのクロス集計結果
　設問の選択肢が多いため5つの区分にまとめ直し，回答者割合を平均値方式で比較した。
　【希望合致】希望に合った
　【商品・サービス要素】掛け金安い，従来なかった，利回りいい，サービスよい，手続き簡単
　【チャネル要素】親身な説明，知り合い，専門性
　【会社要素】加入経験あり，知っている会社，健全性
　【受動きっかけ】営業にすすめられた，家族にすすめられた
　結果は，以下のとおりである。

| 加入理由 | 受動受動 | 受動能動 | 能動受動 | 能動能動 |
|---|---|---|---|---|
| 希望合致 | 33.7% | 30.5% | 41.1% | 47.6% |
| 商品・サービス要素 | 26.4% | 26.5% | 55.6% | 56.3% |
| チャネル要素 | 52.6% | 41.1% | 24.3% | 23.5% |
| 会社要素 | 17.1% | 17.3% | 23.9% | 21.4% |
| 受動きっかけ | 32.1% | 31.1% | 19.7% | 13.8% |

　セグメント類似性の軸は，加入チャネルである。低満足度セグメントに共通の特徴はみられない。

61

(6) 「加入商品」とのクロス集計結果

加入商品についても, 平均値方式で回答者割合を比較した (【図表7】)。ここでも, セグメント類似性の軸は, 加入チャネルである。低満足度セグメントに共通の特徴はみられない。

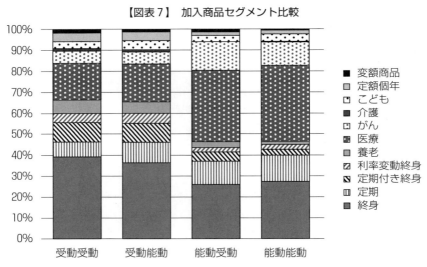

(7) 「チャネル満足度要素」とのクロス集計結果

チャネル満足度要素についても, 平均値方式で回答者割合を比較した。結果は, 以下のとおりである。

第3章 「生命保険に関する全国実態調査」にみる顧客満足度の実態

| 満足度要素 | 受動受動 | 受動能動 | 能動受動 | 能動能動 |
|---|---|---|---|---|
| 定期訪問 | 38.3% | 19.8% | 8.6% | 4.2% |
| マナー・態度 | 21.7% | 13.9% | 9.7% | 9.7% |
| 商品知識・提案力 | 21.4% | 13.2% | 10.5% | 17.5% |
| 説明・手続き対応 | 27.5% | 20.2% | 21.8% | 24.4% |
| 迅速対応 | 31.3% | 19.7% | 22.9% | 20.6% |
| 商品情報提供 | 6.7% | 4.1% | 6.2% | 9.2% |
| サービス提供 | 4.1% | 2.2% | 1.9% | 0.7% |
| 手間なし | 22.9% | 27.0% | 42.1% | 48.1% |

　セグメント類似性は，「定期訪問」，「手間なし」など加入チャネルで類似する要素と，「説明・手続き対応」などあまり類似しない要素に分かれる。低満足度セグメントに共通する特徴はみられない。ただし，受動受動と能動能動は，どちらも高満足度であるが，重視される要素に違いがある。受動受動で最も評価される「定期訪問」は，能動能動ではほとんど評価されず，能動能動で最も評価される「手間なし」は，受動受動では同程度の評価要素の１つでしかない。「定期訪問」，「手間なし」など一部の要素では，低満足度セグメントの回答者割合が，高満足度セグメントの中間的な水準という現象がここでもみられる。

## (8)　「商品満足度」とのクロス集計結果

　商品満足度については，チャネル満足度と同じ手法を用いて，「やや満足」を除いた商品満足度スコアを，４セグメントで比較した（【図表8】）。グラフの形状が【図表3】でみたチャネル満足度スコアと著しい類似をみせている。スコアの絶対値は，チャネル満足度スコアよりやや低い。セグメント類似性は，加入・希望が一致するセグメントの商品満足度が高く，不一致が低い。これもチャネル満足度スコアと同じである。

　低満足度セグメントに共通する特徴は，商品満足度スコアが低いところである。

　注目すべきは，商品の満足度スコアを計測しているのに，能動・受動というチャネル選択に基づくセグメンテーションにより顕著な差異が現れており，し

かも，その差異がチャネル満足度スコアと著しく類似しているという点である。これは，商品満足度が，商品そのものに対する満足度だけでなく，むしろチャネルへの満足度によって相当程度左右されている可能性を示唆する結果といえる。

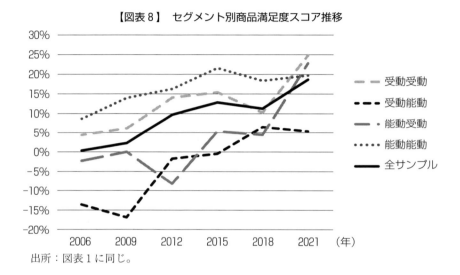

【図表8】 セグメント別商品満足度スコア推移

出所：図表1に同じ。

(9) 「商品満足度要素」とのクロス集計結果

設問の選択肢が多いため，3つの区分にまとめ直し，回答者割合を平均値方式で比較した。

【価値要素】自分に合っている，シンプルでわかりやすい，話題性がある

【機能要素】保障範囲，保障と貯蓄を兼ねる，自由に変更できる，契約者貸付あり

【価格要素】掛け金が安い，利回り有利，税制メリット，配当金あり

結果は，以下のとおりである。

第3章 「生命保険に関する全国実態調査」にみる顧客満足度の実態

| 満足度要素 | 受動受動 | 受動能動 | 能動受動 | 能動能動 |
|---|---|---|---|---|
| 価値要素 | 62.5% | 56.5% | 62.5% | 68.3% |
| 機能要素 | 49.2% | 38.2% | 32.4% | 30.2% |
| 価格要素 | 18.8% | 19.7% | 32.4% | 40.1% |

　セグメント類似性は，加入チャネルで類似している要素（機能，価格）と類似性がはっきりしない要素（価値）に分かれる。低満足度セグメントに共通の特徴はみられない。ただし，機能，価格要素については，低満足度セグメントの回答者割合が，高満足度セグメントの中間的な水準となっているという現象が観察される。

## Ⅲ　第三段階（第一段階・第二段階の結果のまとめ）

　クロス集計の結果をまとめたものが，【図表9】である。ここから，次のことがみてとれる。

①　セグメントが類似する軸として，「加入チャネル」，「希望チャネル」，「チャネルの一致・不一致」の3つがある。

②　このうち低満足度セグメントに共通する軸は，「チャネルの一致・不一致」である。共通する特徴は，生保知識水準の低さと商品満足度の低さである。

③　情報源，比較経験，チャネル満足度要素，商品満足度要素の設問で，低満足度セグメントの割合の水準が高満足度セグメントに比べ中間的となっているという特徴がみられる。

【図表9】 クロス集計の結果の整理

| クロス集計の<br>対象設問 | セグメント<br>類似性の軸 | 低満足度セグメントに<br>共通する特徴 |
|---|---|---|
| 年代 | 希望チャネルで類似 | なし |
| リテラシー | チャネルの一致・不一致で類似 | リテラシー水準が低いこと |
| 情報源 | 加入チャネルで類似 | なし（ただし，高満足度セグメントの中間的水準） |
| 比較経験 | 加入チャネルで類似 | なし（ただし，高満足度セグメントの中間的水準） |
| 加入理由 | 加入チャネルで類似 | なし |
| 加入商品 | 加入チャネルで類似 | なし |
| チャネル満足度要素 | 加入チャネルで類似する要素とそうでない要素あり | なし（ただし，高満足度セグメントの中間的水準） |
| 商品満足度 | チャネルの一致・不一致で類似 | 商品満足度が低いこと |
| 商品満足度要素 | 加入チャネルで類似する要素とそうでない要素あり | なし（ただし，高満足度セグメントの中間的水準） |

出所：図表1に同じ。

## (1) 上記まとめに関する考察

上記クロス集計のまとめから，次のようなことが考えられる。

① 生保知識水準が低いことと商品満足度が低いことが，チャネル満足度の低さと関係がある可能性がある。

【生保知識水準の低さ】

能動・受動加入の両方で，チャネル満足度が低いセグメントの生保知識水準がやや低い。この生保知識水準は加入後のものなので，加入前の生保知識水準の高低が満足度に影響したかはわからない。しかし，加入経験を通じた生保知識水準の向上（知識があるという実感を持つこと）が不十分であったか，もしくは納得性の高くない加入であった可能性は考えられる。セグメント間の差は，チャネル満足度スコアの差に比べ大きくないことから，これが低満足度の主要な要因とは考えにくい。とはいえ，加入プロセスにおいて，生保

知識水準の向上を図る努力（保険の基本をしっかり理解してもらうことで納得性を高める）が必要ということはいえそうである。

【商品満足度の低さ】

能動・受動加入の両方で，チャネル満足度が低いセグメントの商品満足度が低い。商品満足度なのに，能動・受動というチャネルベースのセグメンテーションで満足度が変わるということは，商品そのものへの満足度が，チャネル満足度によって相当程度左右されている可能性を示唆する。

② 情報源，比較経験，チャネル満足度要素（一部），商品満足度要素（一部）の設問において，低満足度セグメントの比率の水準が高満足度セグメントに比べ中間的という特徴がみられる。このことから，低満足度セグメントにおいては，これら設問に関連する加入行動が，高満足度セグメントと同じような満足度形成につながっていないと考えられる。

【情　報　源】

情報源のうち，「身近」以外の4つの区分において，低満足度セグメントの割合の水準が高満足度セグメントに比べ中間的である。このことは，低満足度セグメントの加入者による情報源の活用（情報収集）が，満足度の高い能動加入者・受動加入者の情報収集とは同じように行われていない可能性を示唆する。にもかかわらず，低満足度セグメントの加入者は，直近加入チャネル（情報源）の活用を志向するのではなく，加入チャネルとは逆の情報源を中心とする希望チャネルを選択している。この現象は，受動能動セグメントでは加入チャネルが提供する情報への不満，能動受動セグメントでは自分の情報収集力・理解力もしくは情報源のわかりにくさへの不満の表明と捉えるべきかもしれない。

【比　較　経　験】

低満足度セグメントにおける比較ありの水準が，高満足度セグメントに比べて中間的である。このことは，低満足度セグメントの加入者が行う比較行動が，満足度の高い能動加入者・受動加入者の比較行動と同じような満足度形成につながっていない可能性を示唆する。低満足度セグメントの加入者は，

直近加入チャネルにおける比較に満足せず，加入チャネルとは逆の比較水準
となる希望チャネルを選択している。この現象は，受動能動セグメントでは
加入チャネルが提供する比較情報への不満，能動受動セグメントではより少
ない比較への願望（加入チャネルに絞り込んで欲しいという願望）の表れとも考
えられる。

【チャネル満足度要素】

「定期訪問」「手間なし」など一部の要素に関し，低満足度セグメントでそ
の要素を選択する者の割合が，高満足度セグメントに比べ中間的である。こ
れらは満足度の要素であるから，その要素の選択割合が中間的であることは，
その要素への不満とまではいえないまでも，その要素が満足度形成に十分貢
献できていないと考えることができる。受動能動セグメントは，定期訪問，
迅速対応，商品知識・提案力，マナー・態度，説明・手続き対応の各要素で，
受動受動セグメントに比べた割合が大きく落ち込んでいる。加入チャネルに
おけるこれら要素の質や量の提供が十分でなかったか，もしくは，加入者の
求めるものと乖離があった可能性が考えられる。能動受動セグメントは，商
品知識・提案力，手間なしの各要素で，能動能動セグメントに比べ落ち込み
があるものの，全体的に乖離幅は大きくない。自分自身が主体的な加入行動
を行っていることから，満足度を尋ねるやり方の設問では，不満要素を十分
に浮かび上がらせることができていない可能性が考えられる。

【商品満足度要素】

機能，価格要素で，低満足度セグメントの回答者割合が，高満足度セグメ
ントに比べ中間的である。これら商品満足度の要素が，チャネル満足度形成
に十分貢献できなかった可能性が考えられる。先にみたように，商品満足度
がチャネル満足度によって相当程度左右されている可能性があることを考え
れば，商品満足度を構成する要素についても，商品単独での影響度と，チャ
ネルが関与することによる影響度がどの程度であるかについての解明は，今
後の大きな課題といえる。

③ 年代の設問のみ，他の設問と異なり，希望チャネルでみたセグメントが類

第3章 「生命保険に関する全国実態調査」にみる顧客満足度の実態

似している。

　他の設問の回答が，直近加入行動を反映したものであるのに対し，年代の設問は属性に基づくものである。この類似性は，直近加入行動に関わらない，チャネル志向の年代差を表していると考えられる。

# おわりに

本章からみてとれることおよび今後の課題は，次のとおりである。

① 「実態調査」におけるチャネル満足度は，2006年の調査開始以降，着実に上昇している。このことは，業界の努力の結果といえる。

② チャネル満足度は，「やや満足」を含めて計測した場合には高水準に達しているが，顧客ロイヤルティという視点からみた同満足度には，まだ大きな改善余地が残されている。実態調査においては，その余地は，直近加入チャネル（加入先）に対する不支持という形で顕著に表れている。「今後の加入希望チャネルとして，直近加入チャネルと違うチャネルを選択した者の割合」は，常に20％台後半の水準にある。

③ 実態調査の設問の特性上，不満（不支持）の要素を特定することは困難である。このため，改善の方策に対する明確な示唆を得ることはできないが，複数の設問への回答から解釈する限り，直近加入チャネル（加入先）における「十分納得していない加入」が，受動加入・能動加入のいずれにおいても，当該チャネルに対する不支持という形で表れていると解釈することが自然と考えられる。

④ 商品満足度が，商品そのものへの満足度要素だけでなく，チャネル満足度によっても大きく左右されている（むしろチャネル満足度の影響度のほうが大きい）可能性があることから，この実態の解明は今後の課題である。

⑤ 今後の加入希望チャネルが，加入者が真に選好するチャネルなのか，それとも直近加入チャネルに対する単なる不支持の表れなのかは，今後検討すべ

き課題である。

⑥　本章では，便宜的に「能動・受動」という区分を用いて検討したが，真に「能動・受動」志向という顧客の特性が存在するか，あるいはその本質は何であるかについては，今後の検討課題である。

# 第4章
## 人保険のモラル・ハザード
### −不正請求へのアプローチ−

# は じ め に

　保険金詐取など保険の不正利用は，保険制度につきまとう宿痾のような存在である。比較的少額の保険料を拠出することで，多額の保険金が給付されることから，保険の不正利用は後をたたない。直近の事例でも，新型コロナウイルスの蔓延による混乱のなか，医療保険の入院給付金について，不正請求が疑われている。もとよりこのような不正は道義的に許されないだけでなく，保険制度自体を崩壊させるため，厳しく対処する必要がある。

　このような保険の不正利用について，長年にわたり伝統的な保険論はもっぱらモラル・ハザードの問題として扱ってきた。しかし，経済学に基づく保険経済学では，異なるアプローチがとられる。本章では，とくにわが国の研究を対象として，人保険を対象にモラル・リスクという用語を積極的に用いることでモラル・ハザード概念の整理を試みたい[1]。

---

(1)　本章は，2022年11月6日の日本保険学会全国大会での報告を基に，安井（2021）『保険論におけるモラル・ハザードとモラール・ハザードについて』（香川大学経済学部 Working Paper Series，No. 247）の一部を加え，加筆修正したものである。なお，

# 第1節 モラル・ハザード概念の混乱

すでに別稿でも紹介したように、モラル・ハザードを巡っては多くの研究がある[2]。そのなかでも、わが国におけるモラル・ハザードの理解を含め、モラル・ハザード概念そのものを扱った研究としては、田村や中林による成果を挙げることができる[3]。前者は、保険論、経済学を基盤とする保険経済学のみならず、一般にも広まった誤用を含めて分析している。後者は、保険論のモラル・ハザードの分析に始まり、主としてリスク・マネジメント論におけるモラル・ハザードの分析が示されている。

周知のように、保険論と保険経済学では、モラル・ハザードの意味が異なる。保険論においては、モラル・ハザードとモラール・ハザードと区別することが多い[4]。いずれのハザードも人が関わるハザードではあるが、モラル・ハザードは保険金を取得するための故意の事故招致に代表されるように、保険加入により故意・意識的に事故・損害発生の可能性を高めるハザードを指す。一方、モラール・ハザードは、保険加入により注意力が弛緩するなど、不注意・無関心により事故・損害発生の可能性が高まる場合を指す。

しかし、保険経済学ではそもそも両者を区分せず、モラル・ハザードとして扱われる。故意や不注意は関係がなく、もっぱら保険加入を契機として、被保険者側の事故防止に対するインセンティブが変化することに重点を置かれている。さらにこの概念は、経済学全般においても用いられる。

この保険論の用法と保険経済学の用法以外にも、リスクマネジメント論で用いられている用法がある。中林は、この観点からモラル・ハザードとモラール・ハザードを論じている[5]。この見解では、モラル・ハザードはパーソナル

---

本章では、主として人保険を例としてこの概念の整理を行ってきたが、損害保険については今後の課題としたい。

[2] モラルハザード概念を経済学で展開したのは、Arrow（1963）が嚆矢とされる。

[3] 田村（2008）、中林（2003）。

[4] この区分については、すでに安井（2008）で検討した。

第4章　人保険のモラル・ハザード

ハザードの1つであり，事故・損害発生のメカニズムの1つの要素である点が
重要である。そのため，モラル・ハザード概念が保険を契機としない場合にも
用いられている。保険を対象としない経済学においては，当然，保険以外の場
合にも用いられているが，その場合にもなんらかの要因を契機としたインセン
ティブの変化を示している。リスクマネジメント論では，なんらかの要因によ
る変化ではなく，ハザードの作用がペリルにつながり，その結果損失に至ると
いう損失発生のメカニズムを構成する要素としての意味で用いられている[6]。

　このリスクマネジメントの主体は，保険企業にとどまらず，一般企業，政府，
ひいては消費者も含まれる。多様なリスクを管理するため，保険論でいうモラ
ル・ハザードが問題となる場面はほとんどない。そのため，リスクマネジメン
ト論で扱われるモラル・ハザードの問題は，そもそも保険に関係ない場合を含
むことになる。事故を生み出す様々な要因のうち，人に関わるハザード（これ
をパーソナル・ハザードと呼ぶ）の一部である人間が故意に事故を生み出すよう
な場合を指して使われている。この用法は，事故や損失発生にいたる要因を説
明するモデルとして重要であるが，保険論本来の用法とも経済学における用法
とも異なっている点には注意する必要がある。本章では，保険におけるモラ
ル・ハザードについて検討するため，リスクマネジメント論におけるそれにつ
いては深く立ち入らない。

# 第2節　保険論の区分への批判

　さて，保険経済学におけるモラル・ハザードの理解に対しては，放火のよう
な故意の事故招致に関するハザードと，単なる気の緩みを区別しないことにつ
いて異論が投げかけられている[7]。

---

(5)　中林（2003）。

(6)　わが国では，森宮，中林が展開している（森宮（1985），中林（2003））。

(7)　中林は，「パーソナルハザードの発生要因を特定せず一律な対応をしても十分な効

73

その一方で，モラルとモラールを区分する伝統的な保険論における理解に対しても批判がある。例えば，保険金の不正利用の場合を対象とするモラル・ハザードの定義は，逆選択ではないかとの批判がある。Rowellらは，モラル・ハザードとモラール・ハザードを区別するVaughanの見解を引用して批判する。Vaughanは，モラル・ハザードを「被保険者の性格に存する悪い性向に起因する損失確率の増加のことを」示すと説明する[8]。Rowellらは，モラル・ハザードおよび逆選択の経済学的な概念の中心は，情報の非対称性であるとしたうえで，「悪い性向が保険者により観察されないのであれば，将来の契約者による観察されなかった自己選択により，逆選択の結果になる。悪い性向が観察されるのならば，保険者はそれに応じた料率を設定するので逆選択は起こらない」とする[9]。

モラル・ハザードと逆選択は，保険経済学において峻別されており，混同されることはない。まずモラル・ハザードは，「保険の存在によって，被保険者が期待損失を縮小しようとするインセンティブに影響があること」である[10]。それに対して逆選択とは，「リスクの相違にかかわらず同額の保険料を請求すると，期待損失が低い購入者より期待損失が高い者が多くの保険商品を買うことになる傾向」と定義される[11]。逆選択の問題は，「期待損失の低い消費者に対して，リスクの保険可能性を制限すること」である[12]。

このように，保険経済学におけるモラル・ハザードは，保険制度に加入後に

---

　果は得られず，逆に保険による効用をさらに減少させることにもなる」と指摘する（中林（2003），pp. 24 - 25）。
[8]　なお，モラール・ハザードについては，「損失発生に関する被保険者の不注意による」としている。もっとも，同書のタイトルは"Risk Management"であり，保険ではない。そのため，モラル・ハザードとモラール・ハザードの定義も，保険が関わらない場合に拡張されている。なお，Rowell-Connellyの引用は原文と異なっている。Vaughan（1997）p. 12.
[9]　Rowell-Connelly（2012）pp. 1068 - 1069.
[10]　ハリントン＝ニーハウス（2005），p. 295.
[11]　ハリントン＝ニーハウス（2005），p. 222.
[12]　ハリントン＝ニーハウス（2005），p. 301.

第4章　人保険のモラル・ハザード

保険の存在を奇貨として事後的にリスクが高くなる問題である一方，逆選択が
その料率にふさわしくない高リスク者が保険制度に加入する問題であるという
ように，両者は大きく異なっている。両者はいずれも情報の不均衡から生じる
問題であるが作用する段階が異なり，逆選択が「契約前のリスク実態に関する
情報不均衡」であるのに対して，モラル・ハザードは「契約後のリスク実態に
関する情報不均衡」であると峻別されている[13]。両者の違いをまとめると，逆
選択は契約締結時にリスクの高い者が加入することであるのに対して，モラ
ル・ハザードは契約締結後に加入者のリスクが高くなることである。

　保険論においても，当然，逆選択はモラル・ハザードとは異なる概念と理解
される。例えば，Dorfmanは，逆選択を「保険申込者が，平均的な被保険者の
集団よりも一層被害を被り易いという状況」と説明する[14]。モラル・ハザード
については，「ある者が，保険金の取得を目的に建物を焼失させた場合（中略）
には道徳的危険事情（原文はmoral hazard）が損害の発生頻度増大の原因とされ
る」とする[15]。

　それでは不正な保険金請求は，果たしてモラル・ハザードの問題として捉え
ることができるのか，先行研究から改めて確認しておきたい。

　月足は，生命保険を中心に内外の不正な事例をまとめているが，その内容を
みると逆選択と思われるものは実に多い[16]。月足は，生命保険犯罪を以下のよ
うに分類する。「被保険者の故殺」，「被保険者の死亡の仮装」，「保険金（目的）
自殺」，「保険契約の詐欺的形成と保険金の詐欺的取得」，「傷害・疾病保険犯
罪」，「年金保険犯罪」である[17]。このうち，「被保険者の故殺（狭義の保険金殺

---

[13]　諏澤（2018），pp. 61−62.

[14]　ドーフマン（1993），p. 34.

[15]　ドーフマン（1993），p. 7.

[16]　月足（2001）。

[17]　月足（2001），pp. 32−33. 被保険者の死亡の仮装とは，替え玉殺人や他人の死体に
　　よる偽装などである。保険金の詐欺的形成としては，不実告知や替え玉審査などを挙
　　げている。保険金の詐欺的取得とは，病名を偽った診断書により生前給付金を詐取す
　　ることなどである。

75

人）」として紹介した42の事例をみると，保険金殺人を意図して保険に加入したと考えられる事例が18に及ぶ。「被保険者の死亡の仮装」で挙げた17の事例では，12例が詐欺を目的として加入したものと考えられる。これらは逆選択と捉えられよう。

「保険金目的の自殺」も，逆選択と思われる事例は多い。自殺免責期間が1年間と短期間であったときに13か月目での自殺が多かったという事実は，自殺を意図とした保険加入が多いことを強く推定させる[18]。自殺を意図した加入とまで断定できなくとも，それを疑える事例は非常に多いのである。

「保険金の詐欺的形成」と月足が名付けたカテゴリーには，悪質な告知義務違反や医的審査の際に替え玉を用意するなど，契約締結後のインセンティブの変化とはいえないものがある。「傷害・疾病保険犯罪」のなかにも，多数の契約を締結したうえで，加入直後の自傷による事例など，保険金詐取を目的と疑われる事例がある。

他にも，西嶋＝長谷川が示した『モラル・リスク判例集』がある。同書で紹介された事例をみても当初より保険金の不正取得を目的とした保険加入の事例が非常に多い。西島は，生命保険の不正事例をモラル・リスクの事例として取り上げ，それらを①故意・重過失の事故招致，②保険事故のねつ造，③発生した保険事故の詐欺的悪用の3つの類型に分ける。①と②は保険金詐取の典型的な例であり，③も保険加入後に保険契約を締結していることを悪用して保険事故を偽装し，保険金を詐取するタイプと説明されることから，伝統的な意味でのモラル・ハザードの作用により保険事故を生起させたと考えることができる[19]。

しかし，①や②に該当する場合は，保険金詐取を目的として保険に加入した後，事故招致の末に詐取する事例が多い。西嶋がモラル・リスクの特徴として挙げる6つの特徴をまとめると，以下のようになる。

---

[18]　月足（1986），pp. 170 – 171.

[19]　西嶋＝長谷川（2000），p. 2. 同書では，モラル・リスクについての定義はなく，モラル・ハザードとの違いについての説明もない。もっとも後述のように，この用語を積極的に活用することが概念の整理に有効と考えられる。

第4章　人保険のモラル・ハザード

①　被保険者の家族以外の者が高額の保険金額を設定し，かつ被保険者の遺族以外の人物を保険金受取人とすること

②　被保険者の死亡場所として一連の証拠隠滅に適した地域が選定されること

③　生命保険の契約日と事故発生日が近接していること

④　積極的に生命保険に加入すること

⑤　短期間に集中的に多数の保険会社を対象として高額の保険金を設定すること

⑥　死亡以外の給付金に関する場合として問題のある医療機関を選択することおよび給付金を最大になるように通院すること

などである。このうち①・③・④・⑤は，保険契約締結の段階から不正を意図していることを強く推測させるものである。

つまり，保険契約締結によりインセンティブが変化したわけではなく，保険金詐取を目的とする者，換言すれば，極端にリスクの高い者が保険団体に加入している事例が多い。わが国の保険論のテキストをみる限り，不正利用を企む保険加入を逆選択として説明する用例は少ない[20]。しかしながら，逆選択の意味からすると，保険金詐取を目的とする者とは，換言すれば，極端にリスクの高い者であるので，このような犯罪の場合も逆選択の問題と捉えるほうが妥当である。このような保険犯罪は，それでも法的に防止が求められるのは当然として，経済制度としても放置するならば当該保険の収支バランスが崩れ継続することができなくなるから，対策が必要となる。

もとより，前述の研究は保険金の不正請求事例をすべて網羅しているわけではなく，保険金の不正請求における逆選択の比率を明らかにしているわけではない。しかし，これまでみたように保険金の不正請求事例と理解されている事例には，逆選択の1つといえる事故招致を意図とした事例が多数含まれていた。前述のRowellらが批判するように，モラル・ハザードと考えられている故意

---

[20]　もっとも，岡田太は後述するように，保険金詐取の場合を「極端な逆選択およびモラル・ハザード」と説明する（岡田太（2014），p.63）。

77

の事故招致には，逆選択と捉えるべき場合が少なからず含まれているということは間違いない[21]。

## 第3節　保険論における区分に対するその他の問題

　モラル・ハザードとモラール・ハザードを区分する伝統的な区分法としては，他にも問題があることを拙稿で指摘した[22]。それは，故意の事故招致など故意・悪意が原因となる場合と保険に加入したことで生じる不注意が原因となる場合という区分では，そのいずれにも該当しない場合があるということである。保険加入により保険契約者のインセンティブに変化があり，保険金請求の可能性が高まる場合であっても，不正請求ではない場合があるからである。本章では，この問題点をハザードを事前的なハザードと事後的なハザードに区分することで改めて検討してみたい[23]。

　該当しない事例は，医療保険を例にとるとわかりやすい[24]。モラル・ハザードは，経済学においては事前的なモラル・ハザードと事後的なそれに区分される[25]。事前的モラル・ハザードとは，保険加入により事故防止のインセンティブが低下して事故発生の確率が高くなることをいう。伝統的な保険論で扱う多くのモラル・ハザードは，これにあたる。事後的なモラル・ハザードとは，医療保険において明瞭にみられるもので，罹患しても（この段階で事故後といえる）保険により医療費負担が減少することから，医療費の増加に関心がなくなる場合である。とくに医療保険の事後的モラル・ハザードの場合は，モラル・

---

[21]　彼らは，伝統的な保険論におけるモラル・ハザードではなく保険事業におけるモラル・ハザードの用法として批判している。Rowell-Connelly（2012）pp. 1068 – 1069.

[22]　安井（2006）74 – 76頁，安井（2008），pp. 153 – 156.

[23]　安井（2006）74 – 76頁，安井（2008），pp. 153 – 156.

[24]　Arrowが指摘するように，患者側および医療機関側の双方に見られるものと考えられる。Arrow（1963）pp. 961 – 962.

[25]　駒村，山田，四方，田中，丸山（2015），p. 59.

第4章 人保険のモラル・ハザード

ハザードとモラール・ハザードの二分法では区分が難しいのである。

保険により医療費の自己負担が減少するため高額な治療の選択しやすくなる傾向（事後的ハザード）は，不注意が原因ではない。自らの意思で選択するからである。そのためモラール・ハザードには該当しない。その一方で，高額な医療を選択することは犯罪でも不正でもない。意識的であることからモラル・ハザードの範疇に該当するとするなら，保険金の不正請求の場合と不正ではない場合を区別しないことになってしまう。そうなると，あえて保険金の不正請求をモラル・ハザードとしてモラール・ハザードと峻別してきた意味はなくなる⒂。

このように，モラル・ハザードとモラール・ハザードとする区分では，不正である場合と，意識的ではあるものの決して不正とはいえない場合を区分できないのである。この点もこの二分法の問題点といえる。

# 第4節　経済学によるモラル・ハザードへの疑問

前述のように，モラル・ハザードとモラール・ハザードの区分には，問題がある。しかしながら，保険経済学による定義に疑問がないわけではない。この経済学におけるモラル・ハザードは保険加入による事故・損失防止のインセンティブの変化がその本質的な内容であるから，保険の不正利用に関わる場合と不正に関わらない場合が混在している。両者の混在は，保険以外の事象を分析するのであれば問題がないとしても，保険を分析対象とする場合には問題がある。この点について，損害防止義務を例に考えたい。この義務は被保険者に努力を促すことで不注意を防ぐものであるから，モラール・ハザードへの防止策としては意味がある。しかし，そもそも保険金詐取を目的とする故意の事故招致の場合であれば，損害防止義務があることによる事故招致の防止はあまり期

---

⒂　安井（2008），pp. 153 − 156. 安井（2006），pp. 74 − 76. なお，田村は，医療保険では過剰診療と純粋の医療行為を外見から区別できないから，Arrowはモラル・ハザードとモラール・ハザードを区分しなかったと推測している（田村（2008），p. 133）。

79

待できない（もっともやりにくくはなる）。保険の実務では，なによりも保険の不正利用こそが問題となるはずであり，不正の有無を区別しないままでは，現実の保険事業を分析するうえでは十分とはいえない。不正と不正ではない場合は，峻別されるべきではないか。

　保険の不正利用につながる場合と，つながらない場合を区別して捉える必要があると思われる理由としては他にもある。保険実務においては不正ではないモラル・ハザードが無視ないしは容認されていると思われる事例があるからである[27]。

　生存保険の場合である。生存保険における情報の非対称性から生じる問題としては，まず逆選択があるはずなので併せて考えたい。例えば，純粋な生存保険に近いと思われるある年金保険では，保険約款を見る限り逆選択の対策がとられていない。健康状態に関する告知義務が保険契約者側に課せられていないのである。この場合に，積極的に逆選択に対処する必要があるなら，告知義務を課すはずである[28]。課されていないのは，長寿リスクの高い健康な申込者を拒否することが想定されず，むしろ健康状態が良好な被保険者が加入することを前提にしているからであろう。つまり，この商品は，長寿リスクの高い被保険者による逆選択が生じることを前提として，設計されていると考えられよう。

　契約締結後に生じるモラル・ハザードについては，どうであろうか。生存保険におけるモラル・ハザードは，保険加入を契機として長寿リスクを高めるようになることを意味するから，より健康に配慮するなど長寿につながるように行動を変化させることを意味する。これまで不健康な行動をとっていたのに，運動を始めるなり，あるいは不摂生を改めるということになろう。被保険者の

---

(27)　逆選択にも同様に，社会的に好ましい場合があることが指摘されている。堀田は，保険料率の個別化が進んだ状況と，より平均的な保険料率の状況の例をとり，「保険市場が維持できる限りにおいては，逆選択の発生がむしろ経済的厚生を高める可能性がある」ことを指摘している（堀田（2019），pp.52-53）。

(28)　ニッセイ長寿生存保険（低解約返戻金型）がその例である。もっとも，保険料算定の際に使用される生命表は，死亡保険用と生命保険用の2種類が作成される。死亡保険用は死亡率を高めにとり，生存保険用は生存率を高めにとる（死亡率を低めにとる）。

第 4 章 人保険のモラル・ハザード

契約締結後の行動変化により保険金支払いの可能性が高まることになるという点だけを捉えると、保険制度を維持するためには禁止してもおかしくはない。しかしながら、いうまでもなく、このモラル・ハザード対策が問題となることはない。その理由としては、なによりも保険加入の有無にかかわらず、誰しも長寿を願望するという点が挙げられよう。保険加入が契機となるまでもなく、長寿を望むのである。

このようなモラル・ハザードの存在を実証することも難しいと思われるが、より重要なことは、たとえ実証されたとしても、しかもその作用がどれほど大きくとも、禁止できるはずがないということである。生存保険の場合には、モラル・ハザードの抑止はありえない。生命保険企業が掲げる経営理念や持続可能な開発目標（SDGs）に掲げられた目標のうち「すべての人に健康と福祉を」を妨げることを持ち出すまでもない[29]。なにより、倫理的にありえない。たとえ保険数理的に好ましくないとしても、長寿は社会的にも好ましいことはいうまでもない。

生存保険のモラル・ハザードについては、健康増進型保険の研究が示唆的である。現在注目されている健康増進型保険は、健康増進活動をすることで保険料が割り引かれる保険である。これは死亡保険や医療保険に組み込まれているものである。この設計は運動などの健康増進活動をすることにより、より健康になることで疾病リスクを下げ、ひいては支払保険金が削減されることを前提としているということができる。米山は、これをマイナスのモラル・ハザードと呼ぶ[30]。通常のモラル・ハザードでは、保険加入が契機となり保険金請求の確率を上昇させるのに対して、その確率を下げると考えているからである。つまり、被保険者の行動変化により疾病確率が減少することが予想されているのである。

すでに、健康増進の努力が実際の保険金削減につながることを示す研究成果

---

[29] 目標 3 （保健）である。「あらゆる年齢のすべての人々の健康的な生活を確保し、福祉を促進する」ことが挙げられている。

[30] 米山（2017）.

がみられる。諏澤は健康保険のレセプト情報などを用いたシミュレーション分析から歩数増加，食事習慣，睡眠時間の改善により保険金の削減効果が見込まれることを明らかにしている[31]。健康増進活動の成果が疾病リスクに与える影響については，今後さらに研究が進むと思われる。

　健康増進型保険は，保険料の割引が健康増進のインセンティブになる。それに対して生存保険（年金）の場合にインセンティブになりうるのは，支払われる保険金（給付金）の増加ということになる。健康増進型保険において保険加入後に行動が変化し，結果として健康増進に寄与するというのであれば，生存保険でもその作用が生じることは十分に考えられよう。つまり，モラル・ハザードが，実際に作用することは考えられよう。

　このように人保険（生命保険）という枠組みで考えると，モラル・ハザードには社会的に好ましい場合がある。生存保険のモラル・ハザードを防止することなど考えられない。むしろその作用を促進することが社会的には望ましいと考えられ，決して防止できない。このような場合をも含めてモラル・ハザードと一口に捉えることは，対処の焦点を曖昧にすることにつながりはしないか。

　そのため，保険契約締結による事故防止のインセンティブが変化する場合を一括して扱わず，犯罪につながるか否かを区別する必要があるだろう。保険事業にとり対処が不可欠であるのは，いうまでもなく犯罪につながる場合である。

# 第5節　モラル・リスク

　前述のように，保険経済学によるモラル・ハザードには，保険金の不正請求の場合も健康増進への意識変化も含まれている。保険制度の分析は当然のことながら，保険実務へのフィードバックが期待されている。少なくとも不正請求の場合を区分したほうが説明しやすいのではないか。もっとも，前述のように，

---

[31]　諏澤＝永井（2022），pp. 93−95.

第 4 章　人保険のモラル・ハザード

不正請求にはその内容から逆選択とモラル・ハザードが混在化しており，逆選択の場合は珍しくなかった。

　2022年にコロナ関連で，保険金詐欺を疑わせる事例が多発した。これらの事例をみると，コロナ感染を自覚して加入後に保険金請求する事例や，濃厚接触後に加入するなどという事例であると報道されている[32]。この場合も，前述の不正事例のようにモラル・ハザードが顕在化したというより，逆選択が作用したと捉えるべきであろう。

　この保険の不正請求をさらに逆選択型とモラル・ハザード型の保険詐欺とに細分することも考えられるが，なにより実務においても重要な問題は，保険金をめぐる不正請求である。まず，この不正請求か否かを区別する必要があろう。その際にヒントになると考えられるのが，西嶋＝長谷川も用いていたモラル・リスクという用語である[33]。

　わが国の保険実務および保険法では，保険を巡る不正については，モラル・ハザードではなく，モラル・リスクという用法が長年にわたり使用されてきた[34]。保険法の事例としては，例えば，今井他がある[35]。同書では他人の生命の保険を例に「このように生命保険を不当に利用する目的，または故意に保険事故を発生させようとする動機をモラル・リスク（道徳的危険）という」と説明している。このモラル・リスクも論者により，異なる理解がなされているようである。前掲の西嶋にみられるように，実際の事例そのものがモラル・リスクと理解されることが多いようである[36]。また，米山はモラル・リスクをモラル・ハザードの極端な形態と捉えている[37]。

---

[32]　『読売新聞電子版』2022年8月4日付。

[33]　西嶋＝長谷川（2000）.

[34]　もっとも，2010年代以降の保険法の書籍を確認すると，モラル・リスクはあまり使用されなくなっている傾向がある。モラル・ハザードとして説明する場合が一般的になりつつある。例えば，甘利・山本・潘・山野・今井（2013），pp.46-47. 金澤（2018），pp.92-93. 山下典孝（2019），p.5. 山下友信（2018），pp.74-75.

[35]　今井他（2000），p.217. 他にも坂口（1991），pp.296-297.

[36]　例えば山下は，「狭義のモラル・ハザードの現実化事例であるモラル・リスクと実務上よばれる保険契約の不正利用事例」と説明している。山下（2018），p.78.

しかし，このモラル・リスクを逆選択とモラル・ハザードの双方を包含する用語と明示する見解がすでにある(38)。例えば，生命保険実務講座では，「生命保険におけるモラル・リスクとは道徳心や倫理観，逆選択などの心理的危険を総称していう」とする。出口は，「……モラルリスクの問題（逆選択，モラルハザードや犯罪など）が生じる」と捉えている(39)。また岡田太も，極端な逆選択とモラル・ハザードが，モラル・リスクと呼ばれることを指摘する。これらの指摘は，モラル・ハザードおよび一般的な逆選択などの概念を整理するうえで有益な視座を提供するものと思われる。

　前述のように，保険金の不正取得には，一種の逆選択の結果と考えられるものと，（狭義の）モラル・ハザードの作用と考えられるものが混在化していた。そのため，両者を包含して扱うこの用語は有益である。逆選択とモラル・ハザードを峻別したうえで，このモラル・リスクを加えると，【図表1】のようになろう。

　モラル・リスクはリスクであるから，ハザードと同次元で捉えることはできない。そのため，モラル・リスクはハザードと同じ平面ではなく，その上部に浮かぶように示している。情報の非対称性から逆選択とモラル・ハザードに分かれているちょうど双方にかかる箇所にリスクの1つとして，モラル・リスクと呼ばれる範囲が浮かんでいると考えると，その内容と整合するものと思われる。

---

(37)　米山（2017），p. 107.

(38)　生保実務講座（1990），p. 357. また岡田は，「保険金殺人や放火などの犯罪により，保険金を詐取しようとする極端な逆選択およびモラルハザード（日本の保険業界や保険法の理論では，しばしばこれをモラル・リスクと呼ぶ）」と指摘する（岡田（2014），p. 65）。

(39)　出口（2009），p. 34. なお，出口は経済学でいう逆選択とモラルハザード双方を含めてモラルリスクと捉えているようである。「モラルリスクは，生命保険だけでなく，市場取引一般に広く見られる現象である。市場には情報の非対称性が常に存在する。取引前には，隠された情報（中古品の瑕疵や持病の有無など）を持つ者が取引を有利に運ぼうとする（逆選択）。取引後には，隠された行動（年功序列賃金下での労働者の勤務態度等），すなわちモラルハザードを惹起する恐れがある」。

第4章 人保険のモラル・ハザード

**【図表1】 逆選択，モラル・ハザードとモラル・リスク**

逆選択　　　　　　　　モラル・ハザード

出所：筆者作成。

　保険事業にとって，なにより許容できないのは不正請求である。このように保険金の不正請求については，ハザードの次元ではなく，それが生じうるリスクの次元で，モラル・リスクとして把握するならば，逆選択とモラル・ハザードの区分を生かすことができる。逆選択とモラル・ハザードの区分を踏まえたうえで，モラル・リスクを考えるならば，前述のモラル・ハザードとモラール・ハザードの区分は必要なくなる。保険によるインセンティブの変化を経済学のように一括してモラル・ハザードとして捉えたうえで，不正の場合をリスクの次元からモラル・リスクの問題と捉え直すことで，保険経済学と保険論における齟齬を縮小することができると期待される。

# むすびにかえて

　モラル・ハザードは保険制度が維持できる限り，社会的に必ずしも好ましくないわけではない場合もある。しかし，保険金の不正請求だけは容認できない。

85

その一方でモラル・ハザードとモラール・ハザードに区分する理解も適切ではない。なにより逆選択とモラル・ハザードの区分が曖昧なままでは，問題が残る。そこで，モラル・ハザードを経済学の理解に立ちインセンティブの変化と捉えたうえで，さらに保険金の不正請求の問題については，ハザードの次元ではなく，すでに一部の論者から指摘されてきたリスクの次元から扱うのが，簡明な整理ではないか。モラル・リスクは和製英語と軽んじられることもあったが，有益な視点を与える概念である。逆選択とモラル・ハザードを峻別したうえで，モラル・リスクを把握するならば，対処すべき問題が明瞭になると思われる。

≪参考文献≫

甘利公人・山本哲生・潘阿憲・山野嘉朗・今井薫（2013）『保険契約法』損害保険事業総合研究所。

今井薫・岡田豊基・梅津昭彦（2011）『レクチャー新保険法』法律文化社。

岡田太（2014）「保険契約の基礎」下和田功編『はじめて学ぶリスクと保険（第4版）』有斐閣。

金澤理（2018）『保険法』成文堂。

亀井利明（1990）『保険総論　リスクマネジメントと保険の理論』同文舘。

駒村康平，山田篤裕，四方理人，田中聡一郎，丸山桂（2015）『社会政策－福祉と労働の経済学』有斐閣。

坂口光男（1991）『保険法』文眞堂。

斉藤都美（2011）「保険市場における情報の非対称性－実証研究のサーベイ－」『損害保険研究』第73巻第1号，147-174頁。

生命保険新実務講座編集委員会・財団法人生命保険文化研究所（1990），『生命保険新実務講座　第二巻　経営管理』有斐閣。

田村祐一郎（2008）『モラルハザードは倫理崩壊か』千倉書房。

月足一清（1986）『事例解明と防止対策　生命保険犯罪』東洋経済新報社。

月足一清（2001）『生命保険犯罪』東洋経済新報社。

出口治明（2009）『生命保険入門（新版）』岩波書店。

ドーフマン（鈴木辰紀監訳）（1993）『保険入門』成文堂。

中林真理子（2003）『リスクマネジメントと企業倫理』千倉書房。

西嶋梅治・長谷川仁彦（2000）『モラル・リスク判例集』生命保険文化研究所。

日本損害保険協会（2008）『わが国における保険金詐欺の実態と研究』。

ハリントン＝ニーハウス（米山高生＝箸方幹逸監訳）（2005）『保険とリスクマネジメント』東洋経済新報社。

堀田一吉（2019）「保険取引における逆選択と経済的厚生」『明大商学論叢』101(2)，43－60頁。

堀田一吉（2022）『保険学講義』慶應義塾大学出版会。

森宮康（1985）『リスク・マネジメント論』千倉書房。

安井敏晃（2006）「第三者が主体となるモラル・ハザードについて」『香川大学経済論叢』第79巻第1号，63－83頁。

安井敏晃（2008）「ハザード概念について－保険論におけるモラル・ハザードおよびモラール・ハザードを中心として－」『保険学雑誌』第603号，147－163頁。

山下典孝編（2019）『保険法』法律文化社。

山下友信（2018）『保険法　上』有斐閣。

米山高生（2017）「マイナスのモラルハザード　契約法で想定していなかった保険商品の登場」『保険学雑誌』第637号。

Arrow, K . J. (1963) Uncertainty and the Welfare Economics of Medical Care, *American Economic Review* 53. pp. 941－969. (Diamond, P = Rothschild, M ed. (1978) *Uncertainty in Economics Readings and Exercises, Academic Press*).

Rowell, D. = Connelly, L. (2012) "A HISTORY OF THE TERM "MORAL HAZARD"" *The Journal of Risk and Insurance*, Vol. 79, No. 4, pp. 1051－1075.

Vaughan, E. J. (1997) *Risk Management*, Wiley & Sons.

# 第5章
## 経営者保証に関するガイドラインと
## 中小企業の対応

## は じ め に

　中小企業経営者の経営者保証に依存しない融資慣行の確立を目指して，2013
（平成25）年12月に金融庁が公表した「経営者保証に関するガイドライン」は，
金融機関と中小企業者等が適切に判断・協議するための基本的な考え方や具体
的な手続きなどを示したものである。このガイドラインによって，中小企業や
中小企業経営者にどのような影響があるのか。また，中小企業や中小企業経営
者は，このガイドラインに対して，どのように対応していく必要があるのか。

　本章では，このガイドラインによって，中小企業や中小企業経営者が直面す
る課題や問題点，メリットやチャンス，解決策や対応策などを，中小企業の視
点から分析・論述したいと考えている。本章の構成は，以下のとおりである。

　**第1節**では，経営者保証の現状と課題について，経営者保証とは何か，どの
ようなメリットやデメリットがあるのか，経営者保証が中小企業の経営や資金
調達，中小企業経営者のライフプランに及ぼす影響などを説明する。

　**第2節**では，「経営者保証に関するガイドライン」の概要と活用実績につい
て，ガイドラインの具体的な内容や年度別の活用実績の推移などを紹介し考察

を加える。

**第3節**では，ガイドラインの影響や対応について，ガイドラインによって，中小企業の経営や資金調達，中小企業経営者のライフプランにどのような影響があるのか，中小企業が直面する課題や問題点，解決策や対応策，メリットやチャンス，活用方法や戦略などについて論述する。

**おわりに**では，考察のまとめと結論を述べ，ガイドラインの今後の展望や課題，中小企業の意識や行動の変化について論述する。

なお，本章を執筆中に，昨今話題となっている生成AIのchatGPTやBingAIが無料で容易に使用できるようになったことから，本章もそれらを使用している。

金融業界は，FinTech革命によって大変革が予想されているが，今回これらの生成AIを使用してみて，中小企業経営者が苦労して作成している事業計画も容易にできるようになると予想され，金融機関は，過去の情報がない起業家の計画の実現性や達成能力をどのように評価していくのかなど，新たなスキルやAIシステムが求められることになるのではないかと感じている。

# 第1節　経営者保証の現状と課題

中小企業経営者の多くは，事業の資金調達のために金融機関から借入れを受けている。しかし，その際，経営者は自己資産を担保にするか，個人的な責任を負うことが求められる。これが経営者保証と呼ばれているものである。経営者保証には，以下のようなメリットとデメリットがある。

## I　経営者保証のメリットとデメリット

### ①　経営者保証のメリット

金融機関（貸し手）および中小企業経営者（借り手）の双方に，次のようなメリットがある。

金融機関は，中小企業経営者の返済意思や能力に対する信頼性を高めることができ，金利や手数料の低減や借入れの拡大などの条件を付けることができる。

一方，中小企業経営者は，金融機関から借入れを受けやすくなり，事業の資金繰りや事業展開などに必要な資金を確保しやすくなる。

## ② 経営者保証のデメリット

上記のようなメリットが双方にある一方，デメリットについては，次のように金融機関よりも中小企業経営者に対する負担や影響が大きい。

金融機関は，経営者保証に依存すると，本来双方に求められる機能（情報開示，事業の目利き等）を発揮していく意欲が阻害される。また，経営者保証による融資の慣行化は，貸し手の説明不足，過大な保証債務の要求とともに，双方の信頼関係構築の意欲を阻害する恐れがある。

片や中小企業は，経営者保証があることで，中小企業経営者の事業のリスクテイクやイノベーションが抑制されかねない。また，変化によるリスクを避けたくなるため，新しい事業やサービス，商品などの開発や投資に消極的になる可能性がある。あるいは，事業の改善や革新に取り組む意欲が低減する可能性もある。そのうえ，事業の失敗や廃業する場合は，自分の個人資産を失うリスクや自分の個人的な責任を負うリスクを抱えることになり，自分や家族の将来の生活費や教育費，老後資金などの必要な資金を確保できなくなる可能性もある。

さらに，経営者保証があると，経営者交代による事業承継が円滑にできなくなる可能性もある。


以上のように，経営者保証があると金融機関にとってメリットは大きいが，中小企業経営者は，それによって経営や資金調達に大きな影響を受けるだけでなく，中小企業経営者の事業承継や廃業，再起や再就職など，ライフプランに大きな影響を及ぼす。

このことは，借り手と貸し手には大きな「情報の非対称性」があり，やむを得ない面もあるが，金融機関には貸し手のプロとしての「情報生産機能」が求

められている。

中小企業経営者への影響については，次のとおりもう少し掘り下げる。

# Ⅱ　経営者保証が及ぼす影響

経営者保証のある中小企業経営者は，普段から金融機関とは情報交換を密にしておかなくてはならないが，特に，事業承継や廃業する際の影響は大きいため，より丁寧に交渉や協議をしなくてはならない。

## ①　経営者保証がある場合の事業承継

経営者保証があると，事業承継を行う際にそれをどうするかは非常に重要である。金融機関が後継者に経営者保証を求める場合は，後継者が納得しなければ，事業承継が頓挫してしまう可能性がある。また，事業承継後も旧経営者に経営者保証が残る場合は，旧経営者はそれが残っている間，個人資産を失うリスクがあり，事業承継後のライフプランに大きなリスクや影響を与えてしまう。

## ②　経営者保証がある場合の廃業

中小企業経営者は，経営者保証がある状態で廃業をすると，個人の資産を失うだけでなく，自由に処分することができなくなる可能性がある。また，廃業するまでに多くの時間や費用がかかる。

## ③　経営者保証がある場合の再起や再就職

中小企業経営者は，経営者保証があると，廃業時と同様，再起や再就職の際にも個人の資産を活用することができなくなる可能性があり，したがって，新しいライフプランを構築するうえで，非常に大きな負担や影響を受けることになる。

第5章　経営者保証に関するガイドラインと中小企業の対応

# 第2節　経営者保証に関するガイドラインの内容と活用実績

前節では，経営者保証の概要とともに，意義や貸し手と借り手の課題を整理した。本節では，経営者保証に関するガイドライン制定までの背景や経緯およびその概要，推進の取組みについて紹介する。そのうえで，活用実績データの推移などを把握し，それに基づき考察する。

## I　経営者保証に関するガイドライン策定の経過

経営者保証に関するガイドライン（以下「ガイドライン」という）の趣旨や課題などをより理解するために，その制定までの背景や経過を時系列に整理する。最近の金融庁のホームページでは，「政策・審議会等」・「経営者保証に依存しない融資慣行の確立（向けた施策等について）」として経過が掲示されている。

○　**2013（平成25）年**：ガイドラインの策定の背景として，経営者保証が中小企業の事業展開や事業再生，事業承継に悪影響を及ぼす可能性があるという課題が指摘された。この課題に対処するために，全国銀行協会と日本商工会議所が「経営者保証に関するガイドライン研究会」（座長：小林信明（長島・大野・常松法律事務所弁護士））を設置し，ガイドラインの策定に向けた検討を始めた。

○　**2014（平成26）年**：ガイドライン研究会が「経営者保証に関するガイドライン」を策定し，2013（平成25）年12月5日に公表した。ガイドラインは，中小企業，経営者，金融機関間共通の自主的なルールと位置付けられており，法的な拘束力はないが，関係者が自発的に尊重し，遵守することが期待されている。また，経営者保証の解除や代替手法の活用に向けた3つの要件や保証債務の整理や免除の条件などを定めている。ガイドラインは，2014（平成26）年2月1日から適用が開始された。

○　**2015（平成27）年**：中小企業再生支援協議会等の支援によるガイドライ

*93*

ンに基づく保証債務の整理手順のQ&Aが策定され，公表された。この
Q&Aは，中小企業再生支援協議会や中小企業活性化協議会などが，ガイ
ドラインに基づく保証債務の整理や免除の支援を行う際の手順や注意点を
明確化したものである。

○　2016（平成28）年：中小企業庁が「経営者保証に関するガイドラインの
活用事例集」を作成し，公表した。この事例集は，ガイドラインの活用に
より，経営者保証の解除や代替手法の活用，保証債務の整理や免除などを
実現した中小企業の事例を紹介したものである。

○　2020（令和2）年：全国銀行協会と日本商工会議所が「廃業時における
『経営者保証に関するガイドライン』の基本的考え方」（以下，「基本的考え
方」という）を公表した。この基本的考え方は，主たる債務者が廃業した
としても，保証人は破産手続を回避し得ることを周知するとともに，保証
債務の整理や免除の条件や手順を明確化したものである。

○　2021（令和3）年：金融庁・財務省とも連携の下，経営者保証に依存し
ない融資慣行の確立を更に加速させるための「経営者保証改革プログラ
ム」を策定した。このプログラムは，スタートアップ・創業，民間金融機
関による融資，信用保証付融資，中小企業のガバナンスの4分野に重点的
に取り組むことで，経営者保証の解除や代替手法の活用を促進することを
目的としている。

○　2023（令和5）年：全国銀行協会と日本商工会議所が「基本的考え方」
を改定し，公表した。この改定は，廃業を検討している企業経営者がいる
場合の早期相談の重要性について，より一層の周知を行っていく観点から，
廃業手続に早期に着手することが，保証人の残存資産の増加に資する可能
性があること等を明確化したものである。

　上記のとおり進められているガイドラインは，中小企業の経営者保証の解除
や代替手法の活用に向けた自主的なルールとして，関係者の自発的な尊重と遵
守が期待されている。このガイドラインの活用は，中小企業の経営者保証の解
除や代替手法の活用，経営者の保証債務の減少などによって，中小企業の活性

第5章　経営者保証に関するガイドラインと中小企業の対応

化に寄与することが期待されている。

　また，金融庁は，経営者保証に依存しない融資慣行の確立を更に加速させるため，経済産業省・財務省とも連携の下，「経営者保証改革プログラム」を策定している。

　以下，「経営者保証改革プログラム」の推進についても，概要を下記する。

## Ⅱ　経営者保証改革プログラム

　経営者保証改革プログラム（以下「プログラム」という）によって，民間金融機関による融資に関し，監督指針の改正により，保証を徴求する際の手続きを厳格化することで，安易な個人保証に依存した融資を抑制するとともに，事業者・保証人の納得感を向上させることとしている。

　また，民間金融機関の意識改革を進めるため「経営者保証に関するガイドラインの浸透・定着に向けた取組方針」の作成，公表の要請等を通じ，経営者保証に依存しない新たな融資慣行の確立に向けた意識改革を図っている。その経過は，次のとおり。

- ○　2022（令和4）年12月：金融庁，経済産業省，財務省が連携して，「経営者保証改革プログラム」を策定・公表する。プログラムでは，スタートアップ・創業，民間金融機関による融資，信用保証付融資，中小企業のガバナンスの4分野に重点的に取り組むこととしている。

- ○　2023（令和5）年1月：コロナ借換保証の運用を開始する。コロナ借換保証とは，民間ゼロゼロ融資からの借換えに加え，前向き投資に必要な新たな資金需要にも対応する信用保証制度である。

- ○　2023（令和5）年4月：金融庁が監督指針を改正する。改正した監督指針では，民間金融機関が経営者保証を徴求する際の手続きを厳格化することで，安易な個人保証に依存した融資を抑制するとともに，事業者・保証人の納得感を向上させることとしている。

- ○　2023（令和5）年4月：金融庁が金融関係団体等に対して，「個人保証に依存しない融資慣行の確立に向けた取組の促進について」の要請文を発出

した。要請文では，金融関係団体等に対して，ガイドラインの浸透・定着に向けた取組方針の作成・公表，活用実績の報告などを求めている。

# Ⅲ　経営者保証に関するガイドラインの概要

ガイドラインは，中小企業経営者が金融機関から融資を受ける際に，自己資産を担保として提供することに関する自主的なルールである。このガイドラインは，経営者保証が中小企業の事業展開や事業再生，事業承継に悪影響を及ぼす可能性があるという課題に対処するために，全国銀行協会と日本商工会議所が策定し，2013年（平成25）年12月に金融庁が公表したものである。

そのガイドラインの主な内容は，以下の３つに分けられる。

○　借りる時・引き継ぐ時，経営者保証なしで融資を受けるか，既存の経営者保証を見直すかの判断基準として，３つの要件を設定している。これらの要件は，法人と経営者の資産や経理の分離，財務基盤の強化，経営の透明性の確保である。これらの要件を満たす中小企業は，金融機関が適切に評価し，経営者保証を求めないことや，保証機能の代替手法を活用することが期待されている。

○　返済する時，経営者保証を履行する際の取扱いについて，経営者の残存資産の確保や保証債務の免除などの配慮を求めている。具体的には，経営者に自由財産や一定期間の生活費，華美でない自宅を残すことや，保証債務履行時点の資産で返済し切れない保証債務の残額を原則として免除することなどが挙げられる。また，保証人が債務整理を行った事実などの情報は，信用情報登録機関に報告・登録されないことも明記されている。

○　支援策として，ガイドラインの周知や普及，支援や協力の促進に向けた支援策を紹介している。例えば，経営者保証に関する相談窓口やセミナー，事例集などの情報提供や，中小企業活性化協議会や認定経営革新等支援機関などの支援機関の活用などがある。また，「経営者保証改革プログラム」という，経営者保証に依存しない融資慣行の確立を更に加速させるための取組みがある。

第5章　経営者保証に関するガイドラインと中小企業の対応

　以上が，ガイドラインの主な内容である。このガイドラインは，中小企業経営者と中小企業および金融機関が自発的に尊重し，遵守することが期待されている。

# Ⅳ　経営者保証に関するガイドラインの活用実績

　金融庁では，金融機関の取組みの「見える化」を通じて，担保・保証に過度に依存しない融資を促すため，2019（令和元）年9月9日，「金融仲介の取組状況を客観的に評価できる指標群（KPI）」を設定し，主要行等および地域銀行に対し，令和元年度下期以降の実績の確実な公表に向けた対応を求めており，金融庁ホームページで，各金融機関の「金融仲介の取組状況を客観的に評価できる指標群（KPI）」および当指標を公表している。

　そのデータに基づいて，ガイドラインの活用実績の状況を整理，把握のうえ，その結果について考察する。

## 1　経営者保証に依存しない新規融資割合の推移

　ガイドラインに基づいた経営者保証に依存しない新規融資の割合の実態については，下記の【図表1】が公表されている。

　政府系金融機関（商工組合中央金庫，日本政策金融公庫），民間金融機関ともに経営者保証に依存しない新規融資の割合（以下「無保証人割合」という）はおおむね増加を続け，2022（令和4）年，政府系金融機関は52%，民間金融機関は33%と上昇している。しかし，信用保証協会については，2020（令和2）年31%以後，2022（令和4）年28%と減少している。これについては，詳細を後述する。

　信用保証協会は，政府系金融機関や民間金融機関とは役割も異なるので，単純に比較することはできないが，信用保証協会の無保証人割合が減少していることで，今後どのような影響が出てくるのかは留意しておく必要ある。

97

【図表１】

【経営者保証に依存しない新規融資の割合】（グラフ１）

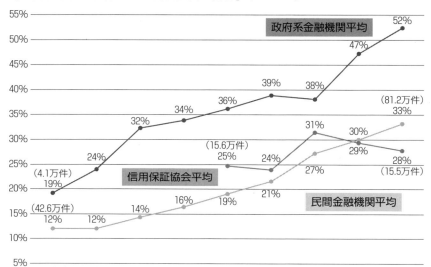

出所：中小企業庁ホームページ⇒トップページ⇒金融サポート⇒経営者保証
3．政府系金融機関及び信用保証協会におけるガイドラインの活用実績／直近の状況／経営者保証に依存しない新規融資の割合から（https://www.chusho.meti.go.jp/kinyu/keieihosyou/index.html#overview　最終閲覧日2024（令和6）年3月30日）。

## 2　政府系金融機関と信用保証協会の実績推移

　政府系金融機関と信用保証協会の「経営者保証に関するガイドライン」の活用実績は，中小企業庁ホームページに公表されており，そのデータには前述した新規融資時の割合だけでなく，既存融資の経営者保証を解除した件数や代表者交代時の対応も公表されている。

　それらの状況を把握することで，よりガイドラインの活用状況がわかる。

### (1)　政府系金融機関の活用実績の推移

　政府系金融機関の活用実績の推移は，次のとおりである。

第5章　経営者保証に関するガイドラインと中小企業の対応

## 【図表2】

【政府系金融機関（※1）における「経営者保証に関するガイドライン」の活用
実績】（表1）

| | ①新規融資件数 | ②新規に無保証で融資した件数 | ③無保証人の割合【③＝①／②】(※2) | ④保証契約を解除した件数 | ⑤ガイドラインに基づく保証債務整理を成立させた件数 |
|---|---|---|---|---|---|
| 平成26年度 | 219,099 | 41,860 | 19% | 5,205 | 46 |
| 平成27年度 | 220,628 | 52,911 | 24% | 3,662 | 61 |
| 平成28年度 | 226,266 | 73,210 | 32% | 2,765 | 135 |
| 平成29年度 | 206,926 | 69,801 | 34% | 2,853 | 162 |
| 平成30年度 | 192,091 | 69,295 | 36% | 2,674 | 189 |
| 令和元年度 | 193,017 | 75,017 | 39% | 3,115 | 188 |
| 令和2年度 | 592,477 | 225,583 | 38% | 2,998 | 204 |
| 令和3年度 | 172,861 | 81,519 | 47% | 2,446 | 221 |
| 令和4年度 | 146,922 | 76,921 | 52% | 2,084 | 213 |
| 平成26年2月〜令和5年9月（累積件数） | 2,129,761 | 813,861 | 38% | 29,432 | 1,332 |

## 【政府系金融機関（※1） 代表者の交代時における対応】（表2）

|  | ⑥ | 同左<br>構成比 | ⑦ | 同左<br>構成比 | ⑧ | 同左<br>構成比 | ⑨ | 同左<br>構成比 | ⑩ | 同左<br>構成比 |
|---|---|---|---|---|---|---|---|---|---|---|
| 平成30年度 | 1,536 | 7.2% | 5,179 | 24.2% | 5,571 | 26.0% | 483 | 2.3% | 8,630 | 40.3% |
| 令和元年度 | 1,561 | 7.9% | 5,230 | 26.5% | 4,260 | 21.6% | 295 | 1.5% | 8,404 | 42.6% |
| 令和2年度 | 1,610 | 8.0% | 4,444 | 22.0% | 3,589 | 17.8% | 5 | 0.0% | 10,508 | 52.1% |
| 令和3年度 | 1,159 | 5.4% | 4,811 | 22.5% | 2,532 | 11.8% | 18 | 0.1% | 12,907 | 60.2% |
| 令和4年度 | 1,059 | 5.0% | 4,522 | 21.5% | 2,200 | 10.5% | 3 | 0.0% | 13,263 | 63.0% |

※1　商工組合中央金庫，日本政策金融公庫。

※2　①②③は，日本政策金融公庫（国民生活事業）の個人向け融資を除いた長期融資全体に占める割合，件数，金額をいう。①～⑩までは「信用保証協会の活用実績」の表と同じ

出所：中小企業庁ホームページ⇒政策について⇒経営者保証⇒政府系金融機関及び信用保証協会におけるガイドラインの活用実績⇒「平成26年2月～令和5年9月実績（78KB）PDFファイル（令和5年12月26日公表）」をダウンロードして筆者が作成（https://www.chusho.meti.go.jp/kinyu/keieihosyou/jisseki.html　最終閲覧日2024（令和6）年3月30日）。

なお，①～⑩の内容は，下記のとおり。

①　信用保証を承諾した件数（新規融資件数）

②　無保証人で信用保証を承諾した件数

③　信用保証を承諾した件数のうち無保証人の割合【③＝①／②】

④　既存の保証付き融資について，保証人の保証契約を解除した件数

⑤　ガイドラインに基づく保証債務整理を成立させた件数

⑥　既存の保証付き融資について旧経営者との保証契約を解除し，かつ，新経営者との保証契約を締結しなかった件数

⑦　既存の保証付き融資について旧経営者との保証契約を解除する一方，新経営者との保証契約を締結した件数

⑧　既存の保証付き融資について旧経営者との保証契約は解除しなかったが，新経営者との保証契約は締結しなかった件数

⑨　既存の保証付き融資について旧経営者との保証契約を解除せず，かつ，新経営者との保証契約を締結した件数

⑩　旧経営者がすでに無保証で，かつ，新経営者から保証を徴求していない件数

第 5 章　経営者保証に関するガイドラインと中小企業の対応

## (2)　信用保証協会の活用実績の推移

信用保証協会の活用実績の推移は，次のとおりである。

【図表 3】

【信用保証協会における「経営者保証に関するガイドライン」の活用実績】（表 3）

| | ①新規融資件数 | ②新規に無保証で融資した件数 | ③無保証人の割合【③=①／②】 | ④保証契約を解除した件数 | ⑤ガイドラインに基づく保証債務整理を成立させた件数 |
|---|---|---|---|---|---|
| 平成30年度 | 633,614 | 156,880 | 25% | 6,669 | 1,146 |
| 令和元年度 | 671,583 | 160,639 | 24% | 6,196 | 1,013 |
| 令和 2 年度 | 1,946,609 | 612,802 | 31% | 6,686 | 860 |
| 令和 3 年度 | 547,134 | 160,818 | 29% | 7,733 | 1,033 |
| 令和 4 年度 | 559,546 | 155,101 | 28% | 7,905 | 1,095 |
| 平成30年 4 月～令和 5 年 9 月（累計件数） | 4,669,898 | 1,346,715 | 29% | 40,301 | 5,902 |

【信用保証協会　代表者の交代時における対応】（表 4）

| | ⑥ | 同左構成比 | ⑦ | 同左構成比 | ⑧ | 同左構成比 | ⑨ | 同左構成比 |
|---|---|---|---|---|---|---|---|---|
| 平成30年度 | 696 | 2.0% | 10,858 | 30.5% | 20,666 | 58.1% | 3,326 | 9.4% |
| 令和元年度 | 652 | 1.8% | 11,508 | 32.5% | 21,648 | 61.1% | 1,594 | 4.5% |
| 令和 2 年度 | 1,128 | 2.8% | 13,683 | 34.0% | 24,887 | 61.8% | 543 | 1.3% |
| 令和 3 年度 | 1,818 | 4.0% | 18,232 | 40.1% | 24,967 | 55.0% | 414 | 0.9% |
| 令和 4 年度 | 2,330 | 4.9% | 18,737 | 39.4% | 26,028 | 54.7% | 508 | 1.1% |
| 平成30年 4 月～令和 5 年 9 月（累計件数） | 9,037 | 4.0% | 81,313 | 35.6% | 131,753 | 57.9% | 6,577 | 2.9% |

出所：中小企業庁ホームページ⇒政策について⇒経営者保証⇒政府系金融機関及び信
用保証協会におけるガイドラインの活用実績⇒「平成26年 2 月～令和 5 年 9 月
実績（66KB）PDF ファイル（令和 5 年12月26日公表）」をダウンロードして
筆者が作成（https://www.chusho.meti.go.jp/kinyu/keieihosyou/jisseki.html　最終
閲覧日2024（令和 6 ）年 3 月30日）。
なお，①～⑨内容は，政府系金融機関と同じ（⑩は掲載なし）。

## 3　政府系金融機関と信用保証協会の実績推移の考察

### (1)　新規融資に占める無保証人割合の推移

　この新規融資に占める無保証人割合については，民間金融機関を含めて前述しているが，政府系金融機関と信用保証協会について，もう少し詳細に把握する。上記の（表1），（表3）から，①新規融資件数と②新規に無保証で融資した件数の推移をみると，2020（令和2）年の政府系金融機関はそれぞれ前年の3倍程度，信用保証協会では①新規融資件数が2.9倍，②新規に無保証で融資した件数が3.8倍となっており，この無保証で融資した件数が増加したことから無保証人割合が増加している。この件数の増加は，2020（令和2）年1月から新型コロナウイルスの感染が始まり，その年に緊急融資が拡大したためである。その時，政府系金融機関は（39%から38%と）若干無保証人割合が減少したが，信用保証協会は（24%から31%と）増加した。信用保証協会では，その翌年が29%，翌々年が28%と減少している。これは新型コロナ対応の緊急融資で新規融資の件数が急増したことによる何らかの影響があったと考えられる。

　信用保証協会は政府系金融機関や民間金融機関とは役割も異なるので，単純に比較することはできないが，ガイダンスへの対応については喫緊の課題として取り組んでおり，2024（令和6）年3月から新たな制度を設けている。

　1つ目は，保証料の上乗せで経営者保証が不要となる「事業者選択型経営者保証非提供制度」で，その制度の活用を加速していくため，当初3年間（2027（令和7）年3月末まで）の時限措置として，上乗せされる保証料率の一部を国が補助する信用保証制度「事業者選択型経営者保証非提供促進特別保証制度（国補助制度）」を設けている。

　2つ目は，既に借入れのあるプロパー融資の経営者保証を解除する「プロパー融資借換特別保証制度」である。しかし，これらの制度は，優良な中小企業でなければ，利用できそうになく，これによってどの程度無保証人割合がアップするか，今後も見ていく必要がある。

第5章　経営者保証に関するガイドラインと中小企業の対応

## (2) 保証契約を解除した件数

「④保証契約を解除した件数」（グラフ2）について，政府系金融機関では2021（令和3）年度から減少してはいるが毎年2,000～3,000件程度，信用保証協会では2021（令和3）年度から7,000～8,000件程度が毎年解除されており，経営者の負担軽減になっていることが窺える。今後，この効果やモラル・ハザードの発生などがどのように推移していくのかなどは，注視して必要がある。

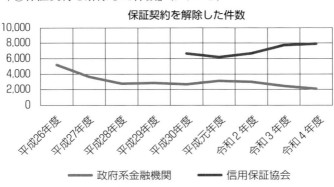

【図表4】
「④保証契約を解除した件数」（グラフ2）

出所：上記の（表1）と（表3）に基づき筆者が作成。

## (3) 経営者保証に関するガイドラインによる債務整理

「⑤ガイドラインに基づく保証債務整理を成立させた件数」（グラフ3）は，中小企業経営者の債務整理をガイドラインに基づいて行った件数で，政府系金融機関では毎年200件程度整理が行われており，信用保証協会では2020（令和2）年度は860件と減少しているものの毎年1,000件程度行われている。少ない件数とはいえ，自己破綻することなく再生や再就職できた中小企業経営者は少ないながら増えていると推測できる。しかし，もっと改善を進めていくことが中小企業の活性化のためには必要と思料する。

103

**【図表5】**
「⑤ガイドラインに基づく保証債務整理を成立させた件数」（グラフ3）

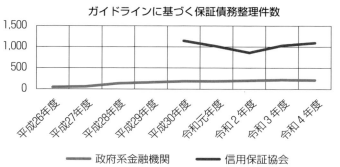

出所：上記の（表1）と（表3）に基づき筆者が作成。

## (4) 代表者の交代時における対応

　事業を行ううえで，すべてを自己資金で運営するのがよさそうだが，自己資金が常にあればいいが，そのようなことはないことから，自己資金だけでは，事業の拡大に失敗し，じり貧に陥ることもある。借入金はレバレッジ効果によって，会社の発展のチャンスを掴むツールになる。実質無借金で運営する経営環境を作ることは実に望ましいことではあるが，いざという時のために適切に金融機関との信頼関係を作っておくことは，それ以上に重要なことである。

　したがって，中小企業は，ほとんど借入れを行っていることから，中小企業経営者はほとんど経営者保証を行っている。しかし，借入金を残したまま，事業承継を行う場合に，その経営者保証をどうするかが問題となってくる。

　この問題の解消にも，ガイドラインは大きく期待されている。その状況の改善の取組みがこれらの統計データでわかる。

　まず，上記の（表2）と（表4）の「⑥既存の保証付き融資について旧経営者との保証契約を解除し，かつ，新経営者との保証契約を締結しなかった件数」（グラフ4）は，この件数や割合が増えることが最も理想的である。事業を引き渡す側も受ける側も個人保証はなく最も円滑に事業承継できる環境である。

第５章　経営者保証に関するガイドラインと中小企業の対応

ガイドラインはこの件数を増やし，事業承継を円滑に進めていくことも大きな目的の１つである。しかし，上記（表４）のとおり，その対応件数は，信用保証協会では2018（平成30）年の696件から2022（令和４）年の2,330件と増加してきてはいるが，政府系金融機関（表２）では近年1,000件程度と低迷している。その割合も政府系金融機関は８％から５％程度と低迷しており，信用保証協会は２％から4.9％と上昇してはいるが，低い割合に留まっている。

【図表６】

「⑥既存の保証付き融資について旧経営者との保証契約を解除し，かつ，新経営者との保証契約を締結しなかった件数」を抜粋（グラフ４）

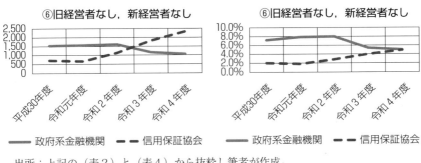

出所：上記の（表２）と（表４）から抜粋し筆者が作成。

（表２）と（表４）の「⑦既存の保証付き融資について旧経営者との保証契約を解除する一方，新経営者との保証契約を締結した件数」（グラフ５）は，旧経営者の個人保証はなくなるが，新経営者の個人保証を求めるケースで，会社の状況がよくても，引き継ぎを受ける側にも大きな覚悟が求められる。そのためこのことが，円滑な事業承継の妨げになる可能性がある。上記⑥よりもかなり大きな件数となっている。2022（令和４）年では，政府系金融機関は件数（4,522件）も割合（21.5％）も大きな変化はなく，信用保証協会は政府系金融機関とは役割が異なるものの，件数は（18,737件），その割合は（39.4％）とも2018（平成30）年よりも増加している状況であり，どちらももっと改善が求められる。

105

【図表7】

「⑦既存の保証付き融資について旧経営者との保証契約を解除する一方，新経営者との保証契約を締結した件数」の抜粋（グラフ5）

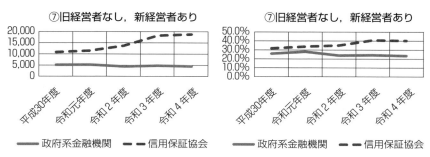

出所：上記の（表2）と（表4）から抜粋し筆者が作成。

　（表2）と（表4）の「⑧既存の保証付き融資について旧経営者との保証契約は解除しなかったが，新経営者との保証契約は締結しなかった件数」（グラフ6）は，旧経営者の個人保証は残ったままで，新経営の個人保証はなくなる状態である。旧経営者の個人保証が残ることから，個人的に十分な資産がある場合や会社が順調な状況であるときは問題ないが，自分の将来を後継者に左右されかねないというリスクがある。それをわかったうえで，新経営者に託したといえる。これも元経営者の将来のリスクを考えると，円滑に事業承継できないケースとなり得る。

　政府系金融機関は件数もその割合（2022（令和4）年は2,200件，その割合は10.5%）も減少が続いているが，信用保証協会は件数（2022（令和4）年は26,028件）も増加し，その割合（54.7%）も高い状態が続いている。

第5章　経営者保証に関するガイドラインと中小企業の対応

【図表8】

「⑧既存の保証付き融資について旧経営者との保証契約は解除しなかったが，新経営者との保証契約は締結しなかった件数」の抜粋（グラフ6）

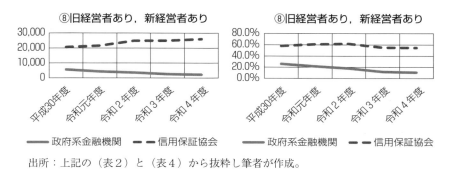

出所：上記の（表2）と（表4）から抜粋し筆者が作成。

　（表2）と（表4）の「⑨既存の保証付き融資について旧経営者との保証契約を解除せず，かつ，新経営者との保証契約を締結した件数」（グラフ7）は，新旧両経営者の個人保証があることから金融機関のリスクが最も少なく，二重徴求の状態にある。

　この件数は，政府系金融機関は2018（平成30）年の483件から2022（令和4）年の3件，同様に信用保証協会は3,326件から508件へと減少していることから，二重徴求についてはかなり解消されてきている。

【図表9】

「⑨既存の保証付き融資について旧経営者との保証契約を解除せず，かつ，新経営者との保証契約を締結した件数」を抜粋（グラフ7）

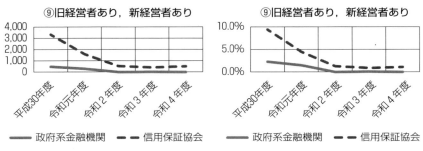

出所：上記の（表2）と（表4）から抜粋し筆者が作成。

（表2）の「⑩旧経営者がすでに無保証で，かつ，新経営者から保証を徴求していない件数」は，この件数が増えるのは⑥と同じ状況で，この件数と割合は増加することが望ましい。

政府系金融機関は，件数も割合も増加を続けており，事業承継を円滑に進める環境の後押しとなっていることが窺える。

第5章　経営者保証に関するガイドラインと中小企業の対応

【図表10】

「⑩旧経営者がすでに無保証で，かつ，新経営者から保証を徴求していない件数」の抜粋（グラフ8）

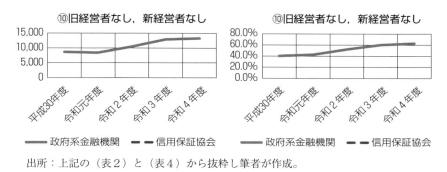

出所：上記の（表2）と（表4）から抜粋し筆者が作成。

　（表2）と（表4）の代表者の交代時における対応をまとめてみると，次の（グラフ9）のとおり，政府系金融機関は，ガイドラインに従って対応を進めていることが窺える。とくに「⑥や⑩の旧経営者も新経営者も保証契約を締結していない件数」が増加している。一方，信用保証協会は政府系金融機関と役割は異なるもののそれらの対応は進んでおらず，政府系金融機関と比べると非常に対応が遅れているように見受けられる。

**【図表11】**

「政府系金融機関の対応割合」(グラフ9)

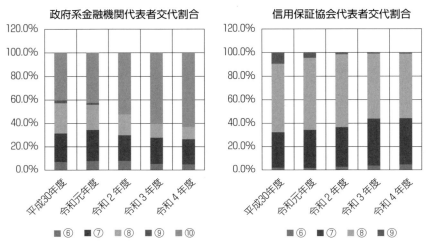

出所：上記の（表2）と（表4）から抜粋し筆者が作成。

## 4　民間金融機関の実績推移

　民間金融機関の無保証人割合は，下記の「民間金融機関における経営者保証に関するガイドラインの活用実績」（グラフ10）の「新規融資に占める経営者保証に依存しない融資の割合の推移」のとおり増加を続けており，代表者交代時の保証徴求割合は，下記（グラフ10）の「代表者交代の保証徴求割合の推移」のとおり，「二重徴求」も減少している。これらは望ましい方向に進んでいる。

　一方，「保証なし」の割合に変化はみられない。「前経営者の保証なし，後継者保証あり」の割合は増加し，「前経営者保証あり，後継者保証なし」の割合も増加している。これを事業承継の面からみると，事業の後継者には経営者保証を求めないが，事業を引き渡す経営者には，経営者保証を求めているケースが増えているということになる。

*110*

第5章　経営者保証に関するガイドラインと中小企業の対応

【図表12】

「民間金融機関における経営者保証に関するガイドラインの活用実績」（グラフ10）

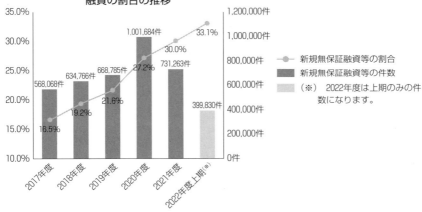

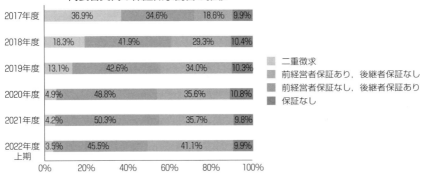

（注）　上記は前経営者が保証を提供している先における代表者交代手続きが行われた場合の件数割合を記載。

出所：金融庁のホームページ⇒ホーム⇒報道発表資料
　　　https://www.fsa.go.jp/news/r4/ginkou/20221227-2.html（最終閲覧日2024（令和6）年3月30日）。
　　　「経営者保証に関するガイドライン」の活用実績について
　　　PDF民間金融機関における「経営者保証に関するガイドライン」の活用実績（グラフ）をダウンロードしたもの

111

ガイドラインの目的の1つに円滑な事業承継があるが，この状況は，必ずしもそうなっていないことが窺える。民間金融機関の無保証人割合は，順調に増加しているが，事業承継時の新旧両経営者の「保証なし」に増加の兆候がないことから，ガイドラインの目的とはまだかなり距離がある状況となっている。

現在，中小企業のM&Aの件数は増加し，M&Aを生業としている企業は，未曽有の収益を上げている。それらの状況と「保証なし」割合が増えない実態を見ると，民間金融機関の事業承継時の対応が主体的でない状況にあると推測できる。民間金融機関は，M&Aを生業としている業者からM&A手数料を受け取るのではなく，本来の貸付業務の付帯事業として，事業承継対策に取り組む必要があるのではないだろうか。

# 第3節　経営者保証に関するガイドラインの影響と対応

前節では，ガイドラインの背景や経過およびその概要と活用実績の推移について紹介し，考察を加えた。本節では，ガイドラインによって，中小企業の経営や資金調達，中小企業経営者のライフプランにどのような影響があるのか，中小企業や中小企業経営者が直面する課題や問題点，解決策や対応策などを，中小企業の視点から論述する。

## I　「経営者保証に関するガイドライン」の中小企業への影響

### ①　経営や資金調達について

中小企業や中小企業経営者は，ガイドラインによって，後継者の経営者保証についてなど金融機関と協議するきっかけができる。同時に，ガイドラインに基づいて，経営者保証の負担やリスクを回避・軽減することができる。また，経営者保証に依存しない融資慣行の確立に向けた対応をとることで，金融機関との信頼関係を再構築することができ，融資の条件や金利などの改善を期待す

第5章　経営者保証に関するガイドラインと中小企業の対応

ることができる。さらに，経営者保証に依存しない融資の確立に向けて，自社の事業の内容や状況，返済能力などを客観的に評価することができ，自社の事業や業務の改善，成長に必要な資金調達や事業計画を策定したり見直したりすることができる。

### ②　中小企業経営者のライフプランへの影響

　中小企業経営者は，ガイドラインによって，経営者保証の必要性や範囲などについて，金融機関と協議しやすくなり，経営者保証の負担やリスクの見通しが立てやすくなる。それだけでなく，経営者保証の負担やリスクを回避・軽減し，視界が開けることで，自分や家族の将来の生活費や教育費，老後資金などの必要な資金などの準備もしやすくなり，自分の希望や目標に合わせて，ライフプランを立案することも容易になる。

　また，経営者保証の負担やリスクが回避・軽減できれば，事業承継や廃業，再起や再就職などのライフイベントにも対応しやすくなり，自分の能力や経験，市場や社会の動向に応じて，自分の事業やキャリアの方向性など選択肢を増やすことができる。


　以上が，ガイドラインによって，中小企業の経営や資金調達，中小企業経営者のライフプランに期待される効果である。しかし，ガイドラインによって，中小企業が直面する課題や問題点も出てくる。次に，その課題や問題点を整理する。

## Ⅱ　「経営者保証に関するガイドライン」の課題と問題点

　ガイドラインは，中小企業や中小企業経営者にとって，メリットは多いが対応が進まないこともある。ガイドラインによって，中小企業が直面する課題や問題点もあることから，その点も整理しておく。

### ①　「経営者保証に関するガイドライン」の理解不足の問題

　中小企業は，金融機関からガイドラインに対しての積極的なアナウンスがなければ，経営者保証に対する意識や知識は乏しく，ガイドラインの内容や目的

*113*

を十分に理解していない場合が多く，自主的な対応は難しい面がある。例えば，経営者保証をなくす３つの要件（法人と経営者の資産や経理の分離，財務基盤の強化，経営の透明性の確保）の必要性を理解しておかなくては経営者保証をなくしたり軽減したりすることは望めない。

　また，自社の事業の内容や状況，返済能力などを客観的に評価することができない場合も多い。これは，中小企業の財務情報や事業計画などの管理・分析が不十分であることや中小企業の経営者保証に対する判断基準や判断材料が不十分であること，あるいは他社との比較検討する情報を持ち合わせていないこともある。

　さらに，金融機関と協議するにしても，中小企業の経営者保証に対する姿勢が曖昧なままで，見解を明確にしていないこともある。また，金融機関と交渉しても，経営者保証の見直しあるいは解除や免除について，合意を得ることができない場合もある。これは，金融機関の経営者保証に対する姿勢や方針が厳格であることや金融機関と中小企業との間の信頼関係が低いことによる場合もある。

　いずれにしても，このような理解不足や準備不足によって，ガイドラインのメリットを失うことがないように，中小企業として，取組み姿勢を鮮明にし，金融機関に対応しなければならない。

## ②　適切に対応できない中小企業の問題

　中小企業は，経営者保証の見直しあるいは解除や免除によって，金融機関からの融資の条件や金利などが悪化することを恐れる場合がある。これは，中小企業の経営者保証に対する依存度が高いことや，中小企業の経営や資金調達能力などが低いことによる。それだけでなく，金融機関からの融資の制限や条件の変更に対応するための資金調達の計画や予備策が不十分であることや，中小企業の資金調達の選択肢や情報が限られていることがある。

　中小企業としては，これらの情報および知識やスキルを蓄えていく必要がある。

　以上が，ガイドラインによって，中小企業が直面する課題や問題点である。

第5章　経営者保証に関するガイドラインと中小企業の対応

当然，それぞれの中小企業や中小企業経営者の状況や目的によって課題や問題点は異なってくるが，どちらにしても今後解決していかなくてはならない。

### ③　経営者保証に関するガイドラインによる中小企業のチャンス

　ガイドラインによって，中小企業経営者は，経営者保証の負担やリスクを回避・軽減することで，自分や家族の将来の生活費や教育費，老後資金などの必要な資金を確保することができる。あるいは，事業承継や廃業，再起や再就職などのライフイベントにより柔軟に対応することが可能になる。これらのチャンスを活用することで，自分の希望や目標に合わせて，ライフプランを立案することができる。また，自分の能力や経験，市場や社会のニーズや動向に応じて，よりよい自分の事業やキャリアの方向性を決めていける可能性も広がる。

　一方，中小企業は，経営者保証に依存しない融資慣行の確立に向けて，金融機関との信頼関係を強固にすることができる。また，自社の事業の内容や状況，返済能力などを客観的に評価することもできる。中小企業は，これらのチャンスを活かすことで，金融機関からの融資の条件や金利などの改善を期待することもできるとともに，自社の事業の改善や成長に必要な資金調達や事業計画を策定することもできる。

　以上が，経営者保証に関するガイドラインによって，中小企業や中小企業経営者に期待されるメリットである。しかし，これらのメリットやチャンスを活かすには，中小企業や中小企業経営者が，適切な対策を行うことが必要である。

　次に，ガイドラインによって，中小企業がメリットやチャンスを活かすための方法などについて整理する。

### ④　経営者保証の見直しおよび解除や免除を行う方法

　経営者保証の見直しおよび解除や免除は，中小企業が金融機関と協議して，経営者保証を適正化すること，経営者保証の全額または一部を取り消すことでもある。それによって，中小企業は，経営者保証の負担やリスクを回避・軽減することができる。経営者保証の見直しおよび解除や免除を行うには，以下のような方法が有効である。

　ガイドラインを参考にして，自社の事業の内容や状況，返済能力などを客観

*115*

的に評価し，経営者保証の必要性や範囲，期間などを検討する。また，金融機関との信頼関係を維持・向上させるために，財務情報や事業計画などの情報を適時適切に開示し，透明性や信用性を高める。

さらに，金融機関との協議の際に，経営者保証の見直しの理由や効果，自社の事業の改善や成長の見込みなどを具体的に説明し合意を得る。そして，経営者保証の見直しの結果や内容を文書化し，金融機関との連携を密にする。

これらの取組み姿勢が金融機関だけでなく，様々な面で評価を高めることになる。

以上が，ガイドラインによって，中小企業や中小企業経営者が経営者保証を見直しおよび解除や免除を行う方法の1つである。それらは，もちろん中小企業の状況や目的によって方法は異なる。

# お わ り に

本章では，「経営者保証に関するガイドライン」と中小企業の対応について，中小企業や中小企業経営者の視点から分析・論述した。ガイドラインは，中小企業経営者の経営や資金調達，個人のライフプランに大きな影響を及ぼす要素であり，基本的には，中小企業経営者の自主的な取組みが必要である。

ガイドラインによって，中小企業や中小企業経営者は，経営者保証の負担やリスクを回避・軽減するとともに，経営者保証に依存しない融資慣行の確立に向けて，金融機関との信頼関係を再構築するチャンスでもある。これらによるチャンスやメリットを活かすには，中小企業が適切に対応していかなくてはならない。

ガイドラインは，2013（平成25）年12月に公表されてから，約10年以上経過した。その間に，金融機関と中小企業者等との間で，ガイドラインの活用実績は年々増加している。これは，徐々にではあるが，経営者保証に依存しない融資慣行が浸透・定着してきていることを示している。しかし，ガイドラインの

活用実績は，まだまだ十分とはいえない。また，今回ガイドラインの活用事例は紹介していないが，そのなかには成功事例や失敗事例もある。成功事例は，中小企業が経営者保証の負担やリスクを回避・軽減し，経営や資金調達，ライフプランにメリットやチャンスを得た事例である。失敗事例は，中小企業が経営者保証の負担やリスクを回避・軽減できなかったり，逆に増やしたりした事例である。これらの事例からはガイドラインの活用には，注意や工夫が必要であることがわかる。

　いずれにしても，金融機関と中小企業経営者は，経営者保証に依存しない融資慣行の確立に向けて，信頼関係を構築し，協力し合うことが求められる。


　本章をまとめる過程でchatGPTやBingAIを使用したが，1年間程度使用しては非常に使いやすく，優れたツールになってきていると感じている。これらの生成AIの進歩によって，中小企業が苦手としている事業計画の策定は容易になり，より質の高い計画が策定できるようになる。金融機関はガイドラインの運用にあたって，事業計画の評価も求められるが，今後計画の評価以上に，計画の達成能力や実現能力の見極めが重要になると考えられる。事業を続けている企業の達成度は財務諸表の結果と突き合せれば事足りるが，今後起業する会社や起業したばかりで過去のデータのない会社の評価は難しい。それらにどのように対応していくのか，その「情報生産機能」をどう高めていくのかは金融機関の課題となる。


**≪参考文献≫**
小林信明（2020）『これでわかる経営者保証（改訂版）』きんざい。
小林信明，中井康之（2020）『経営者保証ガイドラインの実務と課題（第2版）』商事法務。
野崎浩成（2022）『教養としての金融＆ファイナンス大全』日本実業出版社。
金融庁のホームページ　ホーム⇒政策・審議会等⇒「経営者保証に依存しない融資慣行の確立」（https://www.fsa.go.jp/policy/hoshou_jirei/index.html　最終閲覧日2024（令和6）年3月30日）。

中小企業庁ホームページ　ホーム⇒政策について⇒政策一覧⇒経営者保証（https://www.chusho.meti.go.jp/kinyu/keieihosyou/index.html#overview　最終閲覧日2024（令和6）年3月30日）。

全国銀行協会ホームページ⇒全銀協の活動を知りたい方⇒経営者保証ガイドライン（https://www.zenginkyo.or.jp/adr/sme/guideline/　最終閲覧日2024（令和6）年3月30日）。

# 第6章
## 行動経済学からみた保険法の姿と生命保険実務

---

# は じ め に

---

　生命保険分野においては，近年，健康増進を志向する保険商品（以下「健康増進型保険」という）の開発が進められている。もっとも，一口に健康増進型保険といっても，その内実は多岐にわたる。例えば，①契約時に健康診断書等を提出することにより保険料が割り引かれるもの[1]，②毎保険年度末までに提出する健康診断書の結果によって保険料の一部が払い戻されるもの[2]，③健康診断の結果から得られる健康年齢によって毎年の保険料が決定されるもの[3]，④計測機器を用いて把握された歩数により健康増進還付金が支払われるもの[4]，⑤運動や健康診断等の結果により付与されたポイントに応じて保険料が増減す

---

(1)　第一生命保険株式会社の健康診断割引特約が，これにあたる。
(2)　明治安田生命保険相互会社の健康サポート・キャッシュバック特約が，これにあたる。
(3)　健康年齢少額短期保険株式会社の健康年齢連動型医療保険が，これにあたる。
(4)　東京海上日動あんしん生命保険株式会社の新医療総合保険・健康増進特約付加（販売名称・あるく保険）が，これにあたる。

*119*

るもの[5]，等が挙げられるところであり[6]，こうした展開は，まさにインシュアテックの一例といってよいであろう[7]。

　さらにいうと，以上のような健康増進型保険のラインナップには，行動経済学の理論を応用した先駆的なものも登場するに至っている[8]。行動経済学は，2002年にダニエル・カーネマン（Daniel Kahneman）がノーベル経済学賞を受賞したことで広く知られるが，この分野は，そうした発展を物語るかのように，わが国の保険研究にも影響を及ぼしてきた[9]。そして，とくに近年，行動経済学の見地から，保険募集規制の検討や前述のような保険商品開発等が活発に行われるようになってきている[10]。保険と行動経済学を巡るこうした流れは，あたかも，2013年にロバート・シラー（Robert J. Shiller）が，2017年にリチャード・セイラー（Richard H. Thaler）が，それぞれ行動経済学の分野でノーベル経済学賞を受賞したことと歩調を合わせるかのようでもある。

　反面，保険を離れて法学分野全般に目を向けてみると，ここでも，法と行動経済学を巡る研究の拡がりがみられる[11]。個別の法分野としては，消費者法，会社法，競争法，社会保障法，租税法，行政法等の例が挙げられよう。

　このように，行動経済学は，一方で保険研究と，他方で法学研究と，それぞれ融合し発展するに至っている[12]。そうだとすれば，保険研究と法学研究との

---

(5)　住友生命保険相互会社の健康増進乗率適用特約およびVitality健康プログラム契約（販売名称・住友生命「Vitality」）が，これにあたる。

(6)　以上について，安井（2020）202－203頁。なお，同203頁は，健康増進型保険をして，「被保険者が，自身の健康状態や健康増進の努力をエビデンスにもとづき示すことにより保険料が実質的に割引かれる人保険」と理解する。

(7)　安井（2020）197頁。

(8)　その典型は，住友生命「Vitality」である。詳細については，北村（2019），立花（2021）を参照。

(9)　髙尾・山﨑（2006），近見・吉澤・髙尾・甘利・久保（2006）149－153頁，佐藤・齊藤（2011）等を参照。

(10)　汪著，大塚監訳，張訳（2018），岡田・柳瀬・藤井・中林・大倉・山﨑（2019）27－29頁（大倉執筆），根本（2019），藤澤（2019），岡田（2020），得津（2021），大竹（2021）等を参照。

(11)　比較的初期の先行研究として，山本（2007）。

(12)　ただし，行動経済学を用いた法的分析の過度な一般化を警戒する見解があることに

120

第6章　行動経済学からみた保険法の姿と生命保険実務

連結点である保険法学研究においても，行動経済学との融合があって然るべきという問題意識が導かれることとなる。そこで，本章では，こうした問題意識の下，行動経済学の視点から保険法（平成20年法律第56号）（以下「保険法」という）の第3章（生命保険）に含まれる複数の重要規定をみた場合に，①それらが一体どのような姿のものとして映るのか，②当該各規定を前提とした生命保険実務にはどのような工夫が凝らされ，あるいは，どのような示唆が与えられているのか，について試論を示すことを目的とする。

　本章の論述の要領は，次のとおりである。第1に，本章に必要な限りで，行動経済学理論の概要をごく簡単に紹介する（**第1節**）。第2に，保険法第3章の複数の重要規定とそれらを前提とした生命保険実務につき，試論として，行動経済学理論を踏まえた考察を加える（**第2節**）。最後に，ますます進展するデジタル化社会を踏まえた生命保険実務への示唆について述べる（**おわりに**）。


# 第1節　行動経済学理論の概要

## Ⅰ　行動経済学とは何か

　行動経済学理論の説明要領は必ずしも一様でなく，論者によって差異がみられるようであるが，以下では，さしあたり，2018年に刊行されたある基本書[13]の整理を前提とし，適宜他の文献も参考としながら，論述を進める。

　行動経済学は，「利己的で合理的な経済人の仮定を置かない経済学」[14]と定義されることがある。これは，いわゆる伝統的経済学が利己的かつ合理的に自分の効用を最大化する経済人（ホモ・エコノミカス）を前提とする学問[15]であるこ

---

　　は留意を要する（西内（2016）91頁，神山（2017）280頁を参照）。

(13)　大垣・田中（2018）。

(14)　大垣・田中（2018）3頁。

(15)　大垣・田中（2018）3頁。なお，多田（2003）4頁，阿部監修（2021）16－21頁は，

ととと対比されるものであって，心理学，社会学，文化人類学，脳神経科学等の成果が取り入れられている[16]。つまり，行動経済学は，考察の対象である人間が必ずしも徹底した利己的・合理的存在というわけではない（いい換えれば，ほどよく利己的で，ほどよく合理的である[17]）ことを前提にしているのである。

# Ⅱ　行動経済学における4つの主要理論と政策手法としてのナッジ

## 1　プロスペクト理論

　端的にいえば，プロスペクト理論は，「人々がくじ引きや株式投資など結果が確実ではない，リスクが存在するような商品を購入する際に，そのリスクに対してどのような見込みを行い，どのような行動をとるかについて説明するモデル」[18]，あるいは，「「損失をそれと同じ規模の利得よりも重大に受け止める」「わずかな確率であっても発生する可能性があるケースを強く意識する」という，人々にある程度共通に見られる行動パターンを理論的に説明するための分析ツール」[19]といったように説明される。そして，この理論には，価値関数と意思決定ウェイトという2つの柱があるとされる[20]。

　第1に，価値関数は，参照点からの変化が注目される性質，損失回避性，損失の局面での危険愛好性という3つの性質を持つ[21]。参照点とは，比較対象とする水準[22]のことであって，「過去の習慣，現在の状況，あるいは確実な利得など，多様な要因によって決まってくる」[23]ものである。そのうえで，人々は，同じ100円であっても，100円の利得について得られる満足感よりも，100円の

---

　経済人の定義を説明するにあたり，「利己的」「合理的」に加えて「自制的」を用いる。

- [16]　大垣・田中（2018）3頁。
- [17]　阿部監修（2021）22–23頁。
- [18]　多田（2003）99頁。
- [19]　多田（2003）98–99頁。
- [20]　大垣・田中（2018）63頁。
- [21]　同前。
- [22]　大竹（2019）14頁。
- [23]　依田（2010）133頁。

第6章　行動経済学からみた保険法の姿と生命保険実務

損失について失われる満足感のほうを大きく感じる損失回避性を備えていると
される[24]。また，利得と損失とを問わず，参照点からの乖離が大きいほど価値
の変化分が小さくなる結果として，損失の局面においては危険に対して愛好的
（志向的）になるとされる（例えば，損失がマイナス100円である場合に10円分の追加
的損失が及ぼすインパクトは，損失がマイナス1万円である場合に10円分の追加的損失
が及ぼすインパクトよりも大きい)[25]。

　さらに，損失回避性からは，現状維持バイアスあるいは（初期）保有効果を
説明することもできるとされる。現状維持バイアスは，現状の維持を好む傾向
のことであって，現状を参照点とみなしたうえ，そこからの変更を損失と感じ
る損失回避が発生していると考える[26]。また，（初期）保有効果は，「人々があ
るものや状態（財だけでなく地位，権利，意見なども含まれる）を実際に所有して
いる場合には，それを持っていない場合よりもそのものを高く評価すること」[27]
であって，現在の状態をもって「保有」と感じるものと考える。

　第2に，意思決定ウェイトは，「客観的確率をそのまま期待価値の計算に用
いず，客観的確率に代えて主観的なウェイトを価値の実現値につけて計算した
期待価値によって意思決定が行われる」[28]ことをいい，「確実なものとわずかに
不確実なものでは，確実なものを強く好む」[29]という確実性効果が，ここから
説明される。要は，「確実に発生しないという0％の状況から小さな確率で発
生するという状況に変わったときには，その確率を実際よりも高い確率で発生
するように私たちは認識する。逆に，確実に生じるという，100％の状況から
わずかにリスクが発生すると，確実性が大幅に低下したように感じる」[30]ので
ある[31]。

_____

[24]　多田（2003）101頁。
[25]　多田（2003）105-106頁。
[26]　大竹（2019）18-19頁。
[27]　友野（2006）146頁。
[28]　大垣・田中（2018）63頁。
[29]　大竹（2019）8頁。
[30]　大竹（2019）8-9頁。

## 2　限定合理性

　限定合理性とは，現実の人間について，その論理展開能力や計算能力等が有限であることから導かれる，限定された合理性のことであり[32]，その中心をなすのが，推論でなく直感を用いた発見的な判断方法たるヒューリスティックスとされる。

　当初，ヒューリスティックスには，①代表性ヒューリスティックス，②利用可能性ヒューリスティックス，③アンカリング，の３種類があるとされた[33]。

　①は，「何かが特別なカテゴリーに属する確率」という属性を「何かが特別なカテゴリーの代表的なもの（あるいは典型的なもの）に類似しているか」と置き換えて判断するものであり[34]，ここでいう「代表的」あるいは「典型的」をステレオタイプといい換えることもできる[35]。また，少ないサンプル数から導かれた確率を信じてしまう少数（または小数）の法則や，ランダムな確率変数がある時点で異常値であったとしても，その変数は次の時点で期待値に収斂するという「平均への回帰」の認識齟齬等についても，①から導かれるとされる[36]。

　②は，「ある事象の確率（目標属性）を，その状況がどれくらい頭に浮かびやすいかというヒューリスティックス属性と置き換える」[37]ものであり，ここでいう「頭に浮かびやすい」状況や要素には，親近性（その事象について知識を持っている），重要性（以前ニュース等でその事象について聞いたことがある），属人性（その事象が個人的に関連を持つ），最近性（比較的最近起こった事象である），等が挙げられる[38]。

---

(31)　これにつき，阿部監修（2021）96 - 97頁は，宝くじの１等当選を過剰に期待したり，飛行機事故の発生を過剰に恐れたりする例を用いて説明する。

(32)　大垣・田中（2018）89頁。

(33)　大垣・田中（2018）96頁。

(34)　同前。

(35)　依田（2010）23頁。

(36)　多田（2003）74 - 76頁，友野（2006）75 - 80頁，阿部監修（2021）44 - 47頁。ただし，依田（2010）33 - 34頁は，少数（または小数）の法則について，②の利用可能性ヒューリスティックスから導かれるとする。

(37)　大垣・田中（2018）98頁。

第6章　行動経済学からみた保険法の姿と生命保険実務

　③は，人が判断するにあたって，初期値から始めた後にそれを修正する際，その修正が十分に行われずに初期値（アンカー）に影響されることをいう[39]。「8×7×6×5×4×3×2×1」の即答計算結果と「1×2×3×4×5×6×7×8」のそれとでは，前者（冒頭の数字が後者よりも大きい）のほうが値が大きいと答える者が多いという例がしばしば用いられる[40]。

　このほか，限定合理性を巡っては，フレーミング効果（同一内容の情報であるにもかかわらず，それを伝達する際の枠組み（フレーミング）の違いによって意思決定に影響すること）[41]，選択過剰負荷（意思決定における選択肢が多い場合には，選択が困難になる結果として，意思決定そのものをしなくなること）と情報過剰負荷（情報が多過ぎる場合は，意思決定にあたって情報を正しく評価することができなくなること）[42]，極端回避性（同種の商品の価格や品質が上・中・下の3種類あった場合に，両極端（上・下）でなく中間（中）が選択される傾向があること）[43]，等が議論されている。

## 3　時　間　割　引

　経済学の観点から時間を通じた行動を説明するにあたって，伝統的経済学が指数割引モデル（これによれば，時間経過の程度は，人間の行動に影響を及ぼさない[44]）を用いるのに対し，行動経済学は，双曲割引モデルと呼ばれるものを用いる。この双曲割引モデルは，意思決定時点からみて短期的には高い割引率で，長期的には低い割引率で，将来の効用を割り引くものであって，自制心が足りない現実の人間が，目の前（典型的には「今」）の短期的誘惑に負け[45]，それを客観

---

[38]　多田（2003）77頁。

[39]　大垣・田中（2018）98頁。

[40]　大垣・田中（2018）99頁，多田（2003）82頁，友野（2006）83-84頁，大竹（2019）40-41頁。

[41]　大垣・田中（2018）95頁。なお，大竹（2019）17-18頁は，プロスペクト理論の文脈でフレーミング効果を説明するほか，友野（2006）175頁以下は，独立の章を設けてフレーミング効果を説明している。

[42]　大竹（2019）37頁。

[43]　大竹（2019）41頁。

[44]　多田（2003）162頁を参照。

的・相対的に大きい長期的利益よりも優先させることを合理的に説明するとされる[46]。

そのうえで，現実の人間にみられるこうした特性への対策としては，コミットメントが有効とされる。コミットメントとは，現在の計画を将来に遂行するという約束のことであるが[47]，単なる個人的な誓いや決意といったものだけではなく，法律や制度的に縛られたものも含む[48]。

## 4　社会的選好

社会的選好とは，ある個人の選好を表す効用関数に自分の消費や利得だけでなく，他者の消費や利得が変数として入っているような選好のことである[49]。その主な内容としては，利他性（これには，①他人の効用レベルが，ある人の効用関数に独立変数として入っている純粋利他性と，②他人の効用レベルだけでなく，ある人が他人に対して贈与や寄付をするという行動自体にも効用を感じるウォーム・グロー，の2種類があるとされる）[50]，不平等回避（自分に不利な不平等に対して不満を感じることにより効用が下がる一方，自分に有利な不平等に対しても罪悪感を持つことにより効用が下がるとされる）[51]，（正の）応報性（贈与を受け取ったらお返しをすべきという贈与交換の規範のことであり[52]，（正の）互酬性[53]あるいは互恵性[54]ともいわれる）が挙げられる。また，「自分の考えを周囲に合わせたり，周りの人と同じ行動を取ろうとすること」[55]を指す同調効果も，社会的選好の1つに挙げられることが

---

[45]　「今」の効用を過大に評価することを，現在バイアスという（阿部監修（2021）72頁）。

[46]　大垣・田中（2018）112−113頁を参照。

[47]　大垣・田中（2018）117頁。

[48]　多田（2003）171頁。

[49]　大垣・田中（2018）140頁。

[50]　大垣・田中（2018）152−153頁。

[51]　大垣・田中（2018）154頁。

[52]　大垣・田中（2018）179−180頁。

[53]　友野（2006）285−286頁，依田（2010）199−200頁。

[54]　大竹（2019）30−31頁，阿部監修（2021）79頁。

[55]　阿部監修（2021）77頁。ただし，大竹（2019）41−42頁は，同調効果をヒューリス

第6章　行動経済学からみた保険法の姿と生命保険実務

ある。

## 5　ナ　ッ　ジ

　以上のような行動経済学の理論を応用して，現在では，ナッジと呼ばれる政策手法が考案されるに至っている。政策手法としてのナッジは，「罰則や強い経済的インセンティブを与えて強制せずに人々の注意を特定の方向に向けさせて行動の変化を促す方法」[56]であって，特徴の1つは，政策実施のための費用が小さいことである[57]。典型的には，現状維持バイアスあるいは（初期）保有効果を利用し，意思決定者が特段の行動を起こさない場合には，特定の選択肢が自動的に選ばれるように設計されたデフォルト・オプション（以下，単にデフォルトという）等が挙げられる[58]。そのうえで，何かをしないことがデフォルトとなっているなか，「その何かをする」という選択を行うことをオプト・インと呼び，逆に，何かをすることがデフォルトとなっているなか，「その何かをしない」という選択を行うことをオプト・アウトと呼ぶが，いずれの場合にも，デフォルトとされた選択肢の採用確率が高まることとなる[59]。

## 第2節　保険法第3章と生命保険実務の考察（試論）

## Ⅰ　第1節・成　　立

## 1　告　知　義　務（第37条）

　第37条は，告知義務を定める。改正前商法第678条第1項は，告知義務を，「重要ナル事実」を告げる自発的申告義務としていたが，第37条は，「重要な

---

ティックスのなかで（あるいはプロスペクト理論の視点から）説明している。
[56]　大垣・田中（2018）275-276頁。
[57]　大垣・田中（2018）279頁。
[58]　大垣・田中（2018）276頁。
[59]　大竹（2019）145-146頁，阿部監修（2021）134頁。

事項のうち保険者になる者が告知を求めたもの」と規定することによって，保険契約者または被保険者になる者（すなわち，告知者）の義務が質問応答義務であることを明らかにした[60]。従来の自発的申告義務であれば，告知者が自ら告知すべき事項が何であるかを判断しなければならず，とくに告知者が保険に不案内の場合には，酷な結果を招きかねない[61]。第37条を巡る立法は，こうした指摘に応えたものである。この動きを行動経済学の視点からみた場合には，選択過剰負荷によって正しい告知が阻害されかねない事態に対処したものと捉えられる。つまり，自発的申告義務の下では，大小・軽重を問わず，告知者に多くの受診歴があった場合，その告知者は，一旦すべての受診歴を思い出したうえ，どの事項について告知を要し，どの事項について告知を要しないかにつき，何らのガイダンスもないまま選択・判断しなければならない。こうした状況は，「意思決定における選択肢が多い場合，選択が困難になる結果として，意思決定そのものをしなくなる」という選択過剰負荷を誘発する可能性がある。

この点，生命保険実務（約款）は，保険法施行の前から，質問書面によって告知を要求することを通じ，先のような事態に対処してきた[62]。ただし，質問書面（現在では，電磁的方法による質問画面を含む）によって告知を要求しさえすれば，すべての問題が解決されるというわけではない。なぜなら，その質問書面に記載された情報があまりにも複雑多岐にわたるような場合には，別途，情報過剰負荷を誘発し，結果として正しい告知を阻害してしまう可能性も否定できないからである（無論，生命保険数理や生命保険医学の観点を踏まえた適切なバランスを維持することは必要である）。

## 2　被保険者の同意（第38条）

第38条は，保険契約者以外の者を被保険者とする死亡保険契約につき，効力発生要件として，その被保険者の同意を要求している。この同意は，契約の成

---

[60]　萩本編著（2008）4頁。

[61]　山下（2018）405頁。

[62]　日本生命保険編著（2023）107頁（遠矢誠人執筆）を参照。

第6章　行動経済学からみた保険法の姿と生命保険実務

立に向けられた意思表示ではなく，自己の生命に関する保険契約の締結に同意するという意思の表明に止まるものであり，一般に，準法律行為に該当するものとされる[63]。この点，生命保険実務においては，契約申込書面（現在では，電磁的方法による申込画面を含む）の所定の空欄に，署名をもって，保険契約者が法律行為たる申込みの意思表示をするのに併せ，同じく署名をもって，被保険者が同意の意思を表明するのが通例である[64]。これを行動経済学の視点からみた場合には，被保険者が同意しないことがデフォルトとなっており，同意はオプト・インによって行われていると捉えられる。

　これを敷衍し，仮に，生命保険契約締結に関する被保険者の同意について，同意することがデフォルトとなっており，不同意はオプト・アウトによって行われる実務を想定した場合には，果たしてそうした実務は有効と考えられるであろうか[65]。この点については，同意というものが，自己の生命を死亡保険契約の被保険者という形で危険に晒すことの了承の意思表明であって，その性質上，ある種の機微性を帯びていると解されることから，不同意の場合に限ってのオプト・アウトという漠然とした同意は，有効とはいえないように思われる[66]。これに対し，同じく生命保険契約の「締結」であっても，定期保険特約等の自動更新[67]の場合，同意することがデフォルトとなっており，不同意はオプト・アウトによって行われるが，一般に，この取扱いが無効であるとは解されていない[68]。この両者の差は，通常考えられる被保険者の立場からみて利益である

---

[63]　山下（2018）337頁。

[64]　この点，保険業法施行規則第11条第2号は，事業方法書等の審査基準の1つとして，被保険者の同意の方式を「書面による方式その他これに準じた方式」とすべき旨を定めている。

[65]　こうした実務であっても，被保険者の同意が書面によって確認される以上，少なくとも文言的には，保険業法施行規則第11条第2号に明らかに反するとまではいえない。

[66]　山下（2018）338頁を参照。

[67]　保険法施行以後に自動更新された定期保険特約等は，「（施行日）以後に締結された保険契約」として，同法附則第2条に基づき，同法が適用される（萩本編著（2009）217頁（注1））。なお，特約の更新について，詳しくは，日本生命保険編著（2023）198－200頁（堀伸夫執筆）を参照。

[68]　先行研究として，杉本（2006），菊妻（2016）。

か不利益であるか[69]，また，被保険者にとってとくに機微といえるか，そうとはいえないか[70]，といった点に求められることになろう。

# II　第2節・効　　力

## 1　保険金受取人の変更（第43条）

　第43条は，保険契約者において，保険事故が発生するまでは，保険金受取人の変更をすることができる旨を定めたうえ（第1項），その方法について，「保険者に対する意思表示」によることとしている（第2項）。いい換えれば，同条は，保険金受取人の変更に関する意思表示の相手方を保険者に限定しており[71]，新旧保険金受取人に対する意思表示の必要性を認めていない[72]。また，保険法上，保険契約者から保険金受取人に対して何らの意思表示も必要としないことについては，生命保険契約の締結時においても同様である。したがって，同条に従う限り，ある生命保険契約の保険金受取人が，自らその地位にあることを知らないという状況の下で，①保険契約者が保険金受取人を別の者に変更したり，逆に，②被保険者が死亡して当該保険金受取人の保険金請求権が確定したりする，といった事態が生じ得る。

　これを行動経済学の視点からみた場合には，次のようになる。①の場合は，当該保険金受取人の参照点は「無」であって，その後，実際の権利状態も「無」になったと考えられるから，これを巡って何らかのトラブル（典型的には，当該保険金受取人から保険者に対する苦情）が起こることは想定し難い。一方，②の場合は，参照点が「無」であったところに確定的保険金請求権という利得

---

[69]　定期保険特約等のように比較的短期の保険期間とした場合は，保険料が低廉となるメリットがある一方で，仮に自動更新の制度がないとすれば，保険期間満了後に再度の診査等が必要となり，被保険者の健康状態によっては再加入できなくなるおそれ（デメリット）がある（日本生命保険編著（2023）192頁（堀伸夫執筆））。

[70]　当初の定期保険特約等締結時に同意が表明されている分だけ，自動更新時の同意の機微性は相対的に低下していると考えられる。

[71]　萩本編著（2009）181頁。

[72]　なお，改正前商法第677条第1項の下における最一判昭和62年10月29日民集41巻7号1527頁を参照。

130

第6章　行動経済学からみた保険法の姿と生命保険実務

が発生したと考えられるから，通常であれば，当該保険金受取人は相応の満足感を得ることになろう[73]。このように，行動経済学の視点からみた場合に，第43条は，対保険者苦情が起こりにくい構造になっていると捉えられる。

　もっとも，このことは，筆者として，保険者から保険事故発生前の保険金受取人に対し，同人がその地位にあることを知らせるべきでない等と主張することを意味しない。同人が有する保険金請求権は，たとえそれが保険事故発生前の不安定なものであるとしても権利性を帯びているのであり[74]，そうした権利状態を同人に対して適切に知らせることが，保険者としての本来的な姿勢である[75]。これを前提にすると，自らが保険金受取人の地位にあって死亡保険金額がいくらであるかを知らされた当該保険金受取人は，自らの参照点をその権利状態に置くことになる[76]。したがって，当該保険金受取人に損失が生じる場合（具体的には，保険金受取人が別の者に変更されたり，死亡保険金額が定期保険特約付終身保険における定期保険特約の期間満了等によって減ったりしたような場合）には，保険者自ら，あるいは，（個人情報保護の問題等があるときは）保険契約者を通じ，可能な範囲で，新旧保険金受取人を含む当該保険契約の関係者に対して最新の保険契約の内容を知らせておくことが，対保険者苦情の未然防止の観点からは望ましいといえよう。

## 2　遺言による保険金受取人の変更（第44条）

　上記1では，保険金受取人の変更により旧保険金受取人に（プロスペクト理論

---

[73]　ただし，当該保険金受取人にとって，死亡した当該被保険者と一切の関わりを持たないことが参照点となっている場合であれば，保険金請求権の確定的取得は，利得でなく損失となる余地もあり得よう。このような場合に起こり得る保険金受取人の権利放棄の問題については，山下（2022）335－337頁を参照。

[74]　山下（2022）333－334頁。

[75]　この点，近時の生命保険実務においては，家族（情報）登録制度と総称されるサービスを通じ，保険契約者が登録した家族（ここには保険金受取人が含まれていることが多いであろう）に対して保険契約の内容を知らせる態勢が整えられてきている。

[76]　この点，「当該保険金受取人には，その権利状態をもって現状維持バイアスあるいは（初期）保有効果が働く」と説明することも可能である。

*131*

上の）損失が生じる場合は，対保険者苦情の未然防止の観点から，保険事故が発生するまでの間，新旧保険金受取人を含む当該保険契約の関係者に対してきめ細かな対応が求められる旨を述べた。このことは，同じく保険金受取人の変更という効果をもたらす第44条にもあてはまるのであろうか。この点，先に結論を述べると，対保険者苦情という観点から映し出される両者の姿には違いがみられる。

　第44条は，遺言によって保険金受取人を変更することができる旨を定める。改正前商法には，これに関する明文の規定がなかったが，保険契約者にとっては，生前の意思表示による方法だけでなく，遺言によって保険金受取人を変更したいというニーズもあり得ることから，保険法は，第44条においてこれを認めることとなったものである[77]。反面，遺言によって保険金受取人の地位を失い，かつ，その事実を不可避的に被保険者死亡後に知ることになる旧保険金受取人の損失は，第43条に基づく保険金受取人の変更の結果として生じる損失と比べると，より大きなものとなるであろう。なぜなら，第43条による場合の旧保険金受取人の参照点は「保険事故発生前の不安定な保険金請求権」であるのに対し，第44条による場合のそれは，保険金受取人が変更された事実を被保険者死亡後に知ることに基づく「確定的な保険金請求権」であって（つまり，前者と比べて参照点が高い），もたらされた結果の参照点からの乖離度がより大きいと考えられるからである[78]。しかも，遺言という事柄の性質上，保険者は，対保険者苦情を未然に防止するような手立てを講じることもできない。

# Ⅲ　第3節・保険給付，第4節・終　　了

## 1　保険給付の履行期（第52条）

　第52条は，改正前商法にはなかった保険給付の履行期に関する定めであり，

---

[77]　萩本編著（2009）185頁。

[78]　ただし，前者の場合であっても，旧保険金受取人が，保険金受取人変更の事実を被保険者死亡後に知ったときは，後者と同様，「確定的な保険金請求権」が参照点になるものと考えられる。

第6章　行動経済学からみた保険法の姿と生命保険実務

民法第412条の特則をなす[79]。そして，全3項から構成される第52条のうち，第1項および第2項は，一見やや難解な規定であると同時に，行動経済学の視点からみると，極めて興味深い規定であるといえる。

同条第1項は，期限の定めがある場合について，保険給付を行うために確認をすることが保険契約上必要とされる事項の確認をするための合理的な期間を超える期限の設定になっているとき，その合理的な期間の経過時が保険給付の履行期となるという趣旨を定める。これに対し，同条第2項は，期限の定めがない場合について，保険給付の請求者側が証明責任を負うこととなる事項の確認に必要な期間が経過した時から，保険者が遅滞の責任を負うという趣旨を定める[80]。この点，確かに，既存の保険者が履行期を定めないことは通常ないから，実質的に意味があるのは同条第1項ということになる[81]。一方で，保険法の適用を受ける保険者が新たに登場するといった事態を想起するならば[82]，理論的には基本をなす同条第2項[83]の重要性を決して軽視することはできない。そのうえで，行動経済学の視点からみた同条第1項および第2項の構造については，次のように捉えられる。同条第2項は，保険者において期限を定めることができたにもかかわらず，期限を定めなかった以上，具体的な事案ごとに最低限の事項の確認をするための「必要な期間」に限り，保険者の遅滞の責任を負わないものとする[84]。これはすなわち，保険者に対し，個々の保険給付の確認における一切の双曲割引を許さないということを意味する。いい換えれば，保険者（より正確にいえば，当該業務に携わる従業員）は，事案の難易度等にかかわらず，ホモ・エコノミカスであることを求められているのである。確かに，

---

[79]　萩本編著（2009）69頁。

[80]　以上について，萩本編著（2009）69-70頁。

[81]　山下（2022）377-378頁。

[82]　例えば，新たな少額短期保険業者が登場するという事態は，実際上も十分に考えられる。少額短期保険業者に保険法が適用され得ることにつき，山下・米山編（2010）137-138頁（洲崎博史執筆）を参照。

[83]　山下（2022）378頁。

[84]　萩本編著（2009）77頁。

当該従業員も事業者の側に立つ以上，ホモ・エコノミカスであることを求められるのは，ある意味で当然なのかもしれない。しかし，現実の彼らが事案の難易度・優先度や業務の逼迫度といった事情に常時遭遇していることは想像に難くない。したがって，合理的な範囲においては，彼らの双曲割引を認めることも許容されて然るべきではないか。そこで，こうした双曲割引を認めたのが同条第1項であると解されることになる。同条第1項の定めに従った場合には，保険契約の内容に照らし，確認のために一般的に要すると考えられる「相当の期間」までであれば，保険者は遅滞の責任を負わず，仮に個別具体的な事案において合理的な期間（「相当の期間」）を経過する前に必要な調査が終了したとしても，保険者はその調査が終了した時から遅滞の責任を負うわけではない[85]という帰結は，以上のような意味として理解することが可能である。もっとも，こうした理解が許されるのは，あくまでも合理的な範囲内に限られるのであって，このことが，同条第1項の「当該期限が，……相当の期間を経過する日後の日であるときは，当該期間を経過する日をもって保険給付を行う期限とする」という定めに表され，結果として，保険者は，約款において場面ごとの具体的な定め[86]を設けることを求められるのである[87]。

　以上をまとめると，行動経済学の視点からみた第52条第1項および第2項は，保険者（保険給付の業務に携わる従業員）の双曲割引を防止するため，保険者が約款において適切な期限の定めを設けることへのコミットメントを果たした規定であり，ナッジの手法を用いた具体例と捉えられる。

## 2　重大事由による解除（第57条），解除の効力（第59条）

　第57条は，保険金殺人や保険金詐欺をはじめとして，保険者の保険契約者等

---

[85]　萩本編著（2009）72−73頁（注4）。例えば，ある個別事案について，合理的期間経過の3日前に必要な調査が終了したものの，当該事案の保険給付判断に関する難易度が高く，そのために日数を要するとした場合，当該3日は，遅滞の責任を負うことなく慎重な判断のために充てられてもよいのではないか。

[86]　山下・米山編（2010）471−472頁（後藤元執筆）を参照。

[87]　山下（2022）380頁を参照。

第6章　行動経済学からみた保険法の姿と生命保険実務

に対する信頼を損ない，生命保険契約の存続を困難とする重大事由がある場合には，保険者が当該生命保険契約を解除することができる旨を定める。そのうえで，第59条第1項は，解除の効力が将来効であることを定め，さらに，同条第2項第3号は，重大事由が生じた時から解除がされた時までに発生した保険事故に関し，保険者が保険給付の責任を負わない旨を定める。

　重大事由による解除に関して保険法が定めるのは，ここまでである。一方，生命保険約款は，保険法がこうした規定を新設する前から重大事由による解除の規定を有しており[88]，そこでは，解除の効力として，保険契約者に対して解約返戻金が支払われる旨が定められていた。こうした取扱いは，保険法施行後も通常変わっていない[89]。重大事由による解除の効力を巡って，このような差異が生じている事情は，次のとおりである。すなわち，保険法が解除の効力として解約返戻金の支払いに言及していないのは，重大事由による解除の場合に限らず，そもそも解約返戻金の定義をすることが困難であったという理由による[90]。一方，生命保険約款上の重大事由による解除の規定は，元来，改正前商法の告知義務違反による解除の規定の体裁を借用したものとされるところ[91]，その告知義務違反による解除の効力を巡っては，改正前商法第678条第2項および第645条第1項による限り，保険者はその時までの保険料あるいは解約返戻金を支払う義務を負わないにもかかわらず，当時の生命保険約款では，解約返戻金を支払う旨を定めていた[92]。このように，当時からの経緯が，重大事由による解除の効力を巡る現在の差異にも影響を及ぼしていると考えられる。そして，解約返戻金を支払う旨の生命保険約款の定めには，行動経済学の視点から留意すべき点が含まれていると考えられる。具体的には，次の設例のとおりである。

　保険契約者兼保険金受取人をX，被保険者をA，保険者をYとする生命保険

---

[88]　日本生命保険編著（2023）328頁（仙田晴紀執筆）。
[89]　日本生命保険編著（2023）333頁（仙田晴紀執筆）。
[90]　山下（2022）551頁。
[91]　山口（1989）11頁。
[92]　中西（2003）112頁。

契約につき，Xが，極めて苦しい家計事情を理由に任意解除（保険法第54条）（以下「選択肢①」という）を検討することにしたとしよう。実際に選択肢①がとられた場合，生命保険約款によれば，Xには，Yから解約返戻金が支払われるのが一般的である[93]。ここで，家計事情が極めて苦しいXとしては，一獲千金を狙って，実際には生存しているAがあたかも死亡したようにみせかけ，Yに対して死亡保険金を請求するという方法（以下「選択肢②」という）を考えることもできる。これは，通常，保険法第57条第2号または第3号の重大事由にあたるが，Xとしては，企みがうまくいけば死亡保険金を得ることができるし，逆に，うまくいかなくても，Yによる解除の効力として，生命保険約款上，選択肢①の場合と同様にYから解約返戻金が支払われる。この点，プロスペクト理論の価値関数には損失の局面での危険愛好性という性質があり，その例として，ギャンブルで負けている場合には大逆転を狙う者が増えるということがいわれる[94]。そこで，Xの極めて苦しい家計事情を「ギャンブルで負けている場合」と同視するならば，行動経済学上，Xが選択肢②を採用する確率は当然のように高くなるという結果に行き着く。ここでいう「当然のように」の趣旨は，Xが選択肢②を採用しないようにするため，例えば，保険契約者等に対する制裁の意味合いを持った保険法第64条（保険料の返還の制限）の法意[95]を参照し，重大事由による解除の効力として解約返戻金の支払いを認めないといった対応が考えられるにもかかわらず[96]，こうした対応すらも図られていないなかでは，Xが「ノーリスク・ハイリターン」たる選択肢②を採用してしまうという結果に対して，何ら歯止めがかからないということである。もっとも，筆者においても，そうした形で約款改定を図るのが現実的に困難であることは理解している。したがって，ここで生命保険実務として考えるべきは，保険契約法理以外の歯止め・制裁であり，具体的には，死亡保険金詐取の既遂の場合はもちろん

---

[93]　萩本編著（2009）211頁。

[94]　阿部監修（2021）89頁。

[95]　萩本編著（2009）105−106頁を参照。

[96]　もっとも，損失の局面での危険愛好性という性質に照らせば，この対応の下においても，選択肢②の採用確率は相応に高くなる。

第6章　行動経済学からみた保険法の姿と生命保険実務

のこと，未遂の場合であっても，刑事事件として告訴（刑事訴訟法第230条）を
する等，保険者の毅然とした姿勢を明確に示すための対応が考えられよう。

## 3　契約当事者以外の者による解除の効力等（第60条）

　保険法は，第60条から第62条までにより，保険金受取人の介入権の制度を定
めた。その趣旨は，「差押債権者等が死亡保険契約……を解除しようとした場
合に，当該差押債権者等が解約返戻金相当額を取得することができるようにし
て経済的不利益が生じないように配慮しつつ，当該保険契約が生活保障の機能
を有すると定型的に認められる保険金受取人に限って，介入権を行使すること
によって当該保険契約を継続することができるようにすること」[97]である。そ
して，保険金受取人が介入権を行使するためには，保険契約者の同意を得たう
えで，保険者が当該差押債権者等に対して支払うべき金額を，当該保険金受取
人自ら，当該差押債権者等に対して支払うこと（第60条第2項）等が必要である。
例えば，保険金受取人（介入権者）X，保険契約者A，差押債権者B，保険者Y，
死亡保険金額3000万円，YがBに対して支払うべき金額（通常は解約返戻金相当
額）100万円，というケースを考えた場合，Xが介入権を行使しないという選択
肢（以下「選択肢①」という）をとるならば，YがBに対して100万円を支払うこ
とにより，当該死亡保険契約は終了する。いい換えれば，Xは何らの出捐も要
しない。翻って，Xが介入権を行使するという選択肢（以下「選択肢②」という）
をとるならば，Xは，Aの同意を得たうえで，Bに対して100万円を支払うこと
となるが，結果として，当該死亡保険契約は継続し，XのYに対する将来的な
3000万円の請求権が残存する。そして，これを行動経済学の視点からみた場合
には，Xが「選択肢①・今[98]の100万円」と「選択肢②・将来の3000万円」の
どちらを選ぶかという場面に映るから，まさに双曲割引が問題となる。一方で
は，選択肢②にいう「将来」の程度にもよるが（被保険者が健康そのもので，ま

---

[97]　萩本編著（2009）201頁。
[98]　厳密にいえば，YがBによる解除の通知を受けた時から1か月を経過するまでの間
　　である（保険法第60条第1項および第2項）。

だ何十年も先のことなのか，それとも，被保険者の余命は幾ばくもないのか），100万円と3000万円の差である以上，多くの場合，客観的・相対的には選択肢②の利益のほうが大きいと思われる。他方では，双曲割引により，Xが今の100万円を優先させてしまう可能性も大いにある。したがって，最終的な選択はあくまでもXの自由意思によって決定されるとはいえ，生命保険実務としては，Xの自由意思が十全に発揮されるよう，介入権の制度に関するX宛ての案内を丁寧に行う必要がある。

# おわりに
## －生命保険実務への示唆－

以上，本章は，保険研究と法学研究がそれぞれ行動経済学の知見をもとに深化している実態に問題意識を持ち，双方の連結点である保険法学研究として，行動経済学の視点から，保険法第3章（生命保険）に含まれる複数の重要規定と当該各規定を前提とした生命保険実務について試論を示した。

他方，ますます進展するデジタル化社会において，行動経済学の視点は，保険法を離れたなかでも生命保険実務に様々な示唆を提供する。すなわち，「はじめに」で述べたように，保険商品開発の実務においては，既に具体的な成果がみられる。また，保険募集の実務においても，広告のあり方に損失回避性やフレーミング効果が応用されていることはよく知られているほか[99]，具体的な保険プランの提示の際に極端回避性を応用した手法が用いられることもある。このように，本章が指摘するまでもなく，保険商品開発や保険募集の領域においては広く行動経済学の視点が活用されているといってよい。反面，保険事務のオペレーションについていえば，保険事業そのものが「人と紙」の事業といわれてきたこと[100]に加え，わが国の文化として，紙の書類による手続きが好ま

---

[99]　阿部監修（2021）121頁，131頁を参照。
[100]　石田（2008）20頁。

第6章　行動経済学からみた保険法の姿と生命保険実務

れ，かつ，極めて高いサービス品質が求められること等を受け，相対的には改革・革新が思うように進んでこなかったのではなかろうか（こうした傾向は，保険募集と一体をなす新契約引受事務のオペレーションと比べ，多様なパターンを擁し，かつ，投資対効果を算出しにくいとされる後方事務のオペレーションに顕著であると思われる）[101]。確かに，後方事務のオペレーションの改革・革新にあたっては，ＡＩやＲＰＡ（Robotic Process Automation）等の活用も有効であり[102]，現に，それらの活用例も存在する。一方で，こうした方向性に対して不可避的に投資対効果の問題が付いて回ることは否定できない。そこで，政策実施のための費用が小さいナッジが注目されることとなる。例えば，生命保険契約の保全変更に関する手続きについて考えると，既に一定のデジタル仕様が備わっているのであれば，「デジタル仕様の利用がデフォルト，不同意（すなわち，紙の書類の利用）はオプト・アウト」という方式を導入することが可能であり，かつ，その導入に要する費用は相対的に小さいと考えられる。確かに，筆者としても，「無謬性」「過剰品質」[103]といった概念が付いて回る保険事務のオペレーションの領域において，デジタル仕様の問題が保険契約者全体を二分する問題であり[104]，ひいては保険契約者等からの苦情が強く警戒されることとなるのは，一定程度理解するところである。一方で，鉄道会社の遅延証明書や旅行会社の旅行行程表のように，デジタルに強くない利用者が多数存在する領域であっても，「デジタル仕様の利用がデフォルト，不同意（すなわち，紙の書類の利用）はオプト・アウト」の導入例はみられる。このように，現代社会は，デジタル仕様の普及に関し，社会的選好の1つである同調効果が働きやすい環境を徐々に整えてきているといってよいのではないか。ますます進展するデジタル化社会を踏まえた生命保険実務への示唆として銘記しておきたい。

---

(101)　ボストンコンサルティンググループ（2018）94－97頁を参照。
(102)　ボストンコンサルティンググループ（2018）102－114頁を参照。また，石田（2022）61－62頁を参照。
(103)　ボストンコンサルティンググループ（2018）94－96頁を参照。
(104)　石田（2022）17頁を参照。

*139*

≪引用・参考文献≫

阿部誠監修（2021）『サクッとわかるビジネス教養　行動経済学』新星出版社。

石田成則（2022）『変貌する保険事業　インシュアテックと契約者利益』中央経済社。

石田重森（2008）「保険の流通・販売をめぐるイノベーション」石田成則編著『保険事業のイノベーション－商品開発・事業展開と経営革新』慶應義塾大学出版会，3－24頁。

依田高典（2010）『行動経済学　感情に揺れる経済心理』中央公論新社。

汪信君著，大塚英明監訳，張楊訳（2018）「保険者の説明義務の再構築－行動経済学の視点からの一考察－」『比較法学』52巻2号，199－215頁。

大垣昌夫・田中沙織（2018）『行動経済学（新版）－伝統的経済学との統合による新しい経済学を目指して』有斐閣。

大竹文雄（2019）『行動経済学の使い方』岩波書店。

大竹文雄（2021）「行動経済学を使う－新型コロナ感染症対策と生命保険－」『生命保険論集』215号，1－41頁。

岡田克彦（2020）「行動ファイナンスとAIによる資産運用」『保険学雑誌』649号，117－132頁。

岡田太・柳瀬典由・藤井陽一朗・中林真理子・大倉真人・山﨑尚志（2019）「欧米，アジアの経験から学ぶ保険研究・教育の展望－平成30年度大会シンポジウム－」『保険学雑誌』644号，1－40頁。

菊妻左知夫（2016）「生保契約の自動更新条項と消費者契約法第10条」『生命保険経営』84巻6号，4－26頁。

北村英之（2019）「健康増進型保険　住友生命「Vitality」の開発」『生命保険経営』87巻2号，4－27頁。

神山弘行（2017）「租税法と行動経済学－法政策形成への応用とその課題」金子宏監修，中里実・米田隆・岡村忠生編集代表『現代租税法講座　第1巻　理論・歴史』日本評論社，269－294頁。

佐藤主光・齊藤誠（2011）「地震保険の普及に向けた「緩やかな誘導」」『エコノミスト』89巻15号，82－83頁。

杉本綾子（2006）「定期保険特約の自動更新条項の拘束力」『保険事例研究会レポート』205号，11－22頁。

高尾厚・山﨑尚志（2006）「「行動保険学」再考」『国民経済雑誌』193巻3号，1－10頁。

多田洋介（2003）『行動経済学入門』日本経済新聞社。

立花佳祐（2021）「住友生命"Vitality"：健康データを活用した新たな保険設計」『プレシジョンメディシン』4巻3号，220－223頁。

近見正彦・吉澤卓哉・髙尾厚・甘利公人・久保英也（2006）『新・保険学』有斐閣。

得津晶（2021）「保険販売規制への行動経済学の取り込み・序：欧州の経験から」『生命保険論集』214号，125－142頁。

友野典男（2006）『行動経済学　経済は「感情」で動いている』光文社。

中西正明（2003）『保険契約の告知義務』有斐閣（初出，（1999）『大阪学院大学法学研

究』26巻1号）。

西内康人（2016）『消費者契約の経済分析』有斐閣。

日本生命保険・生命保険研究会編著（2023）『生命保険の法務と実務（第4版）』金融財政事情研究会。

根本努（2019）「共済精神に符合した行動経済学の適用について」『共済と保険』61巻5号，10-12頁。

萩本修編著（2008）『保険法立案関係資料-新法の解説・新旧旧新対照表-』商事法務。

萩本修編著（2009）『一問一答　保険法』商事法務。

藤澤陽介（2019）「共済の視点に立った行動経済学-生命保障と健康増進の視点から-」『共済と保険』61巻5号，13-15頁。

ボストンコンサルティンググループ保険グループ（2018）『デジタル革命時代における保険会社経営』金融財政事情研究会。

安井敏晃（2020）「健康増進型保険が保険事業に与える影響について」『保険学雑誌』649号，197-216頁。

山口誠（1989）「重大事由による解除権とガイドライン」『生命保険協会会報』69巻1号，2-14頁。

山下友信（2018）『保険法（上)』有斐閣。

山下友信（2022）『保険法（下)』有斐閣。

山下友信・米山高生編（2010）『保険法解説-生命保険・傷害疾病定額保険』有斐閣。

山本顯治（2007）「投資行動の消費者心理と民法学＜覚書＞」山本顯治編『法動態学叢書　水平的秩序4　紛争と対話』法律文化社，77-98頁。

# 第 7 章
## 保険金受取人の指定・変更に関する比較法的研究

---

# は じ め に

---

　本章では，わが国保険法の保険契約者の保険金受取人の指定・変更に関わる
規定について，諸外国との立法例と比較したうえで，保険金受取人変更権の一
身専属性について考察を行うことを目的とする。なお，本章においては，いわ
ゆる他人の生命の保険契約における対価関係については考慮していない。

　保険法では，旧商法における保険金受取人に関する規定も大きく改正された。
第三者のためにする生命保険契約では，旧商法675条以下に定めていた保険金
受取人の「指定」の文言は削除されている。実務上，当該契約では，契約者は
保険金受取人を定めて契約を締結するため，保険契約締結時の保険金受取人の
指定という概念をなくした。これは保険金受取人の指定が保険契約締結後に行
われることはない[1]という意味であり，当然ながら，生命保険契約の締結にあ
たり，誰かを保険金受取人として指定することは必要である。保険法施行に伴
う改訂約款においては，生命保険会社が保険契約の申込みを承諾した時に保険

---

(1)　宮島司編著（2019）『逐条解説保険法』弘文堂，557頁。

*143*

証券を発行する規定を新設している会社が多く，その保険証券には「受取人」を必須の記載事項としている。

　保険金受取人の「変更」について，旧商法，保険法ともに，保険金受取人が被保険者でない場合において，保険事故が発生するまでは，保険金受取人を変更することができるものとする。ただし，旧商法675条2項では，保険契約者が保険金受取人の指定・変更権を留保したまま死亡した場合は，保険金受取人の権利が確定するとしていたが，保険法においてこの規定は削除された。保険契約者の地位はその相続人に承継され，保険金受取人の変更権についても同様であるとされる[2]。保険契約者の相続人は，保険契約が締結される背景となっていた被相続人（当初の保険契約者）の利害関係まで引き継ぐわけではなく，自らの独自の経済圏，利害関係圏のなかで自由に受取人を指定・変更することができる[3]。とはいえ，保険金受取人の変更については被保険者の同意が必要であり（保険法45条），実務においても，保険加入者のモラル・ハザード防止の観点から，死亡保険金受取人については，一定範囲内の親族に限定する引受基準をとっていることが一般的である[4]。ただし，一定範囲内の親族以外の者が保険金受取人となるというだけでモラル・ハザードが格段に高まるわけではなく，あまりにも限定的な運用は，多様化する家族関係などに応じた生命保険の利用の機会を奪うことにもなりかねない[5]。また，1935年の日大生事件などの例を挙げるまでもなく，保険金殺人事件は，家族等の身近な者によって行われることも多い。現行法の規定は，モラル・ハザードに配慮しながらも，経済制度としての保険の効用を広げる規定であると評価できよう。保険金受取人の指定・

---

(2)　萩本修（2009）『一問一答保険法』商事法務，179-180頁。
(3)　大塚英明（2022）「保険金受取人の指定変更と対価関係の形成に関する覚え書き－旧商法675条2項の削除の真意を解明するために－」『保険学雑誌』第656号，216頁。
(4)　山下友信（2022）『保険法（下）』有斐閣，306頁。ただし，一定範囲内の親族以外の者が保険金受取人となるというだけでモラル・ハザードが格段に高まるわけではなく，多様化する家族関係などに応じた生命保険の利用の機会を奪うことにもなりかねないと指摘する。
(5)　山下・前掲注(4)，306頁。

第7章　保険金受取人の指定・変更に関する比較法的研究

変更権は，通説においては身分法上の行為としては理解されておらず[6]，かねてから旧商法675条2項の規定については批判がなされていた[7]。

　一方，外国法における，保険金受取人の指定・変更に関する規定についてみると，フランスやイタリアなどヨーロッパにおいては，保険契約者の一身専属権とする立法例も多く，わが国と状況が異なっている。ドイツ法では，保険金受取人の指定，変更権は契約者の一身専属権であるとの明文規定はないが，そのような解釈が多数説であるとされている。

　この点につき，台湾，中国などのアジア諸外国においては，さらに被保険者による保険金受取人の指定・変更権を認める立法例がある。契約者でない被保険者が何ゆえに保険金受取人に関するこれらの権利を持つと考えられるのか疑問であるが，これらの国々では，保険金受取人の指定変更権は，実質上被保険者の一身専属権と理解できる。また，被保険者と契約者の違いはあるものの，保険金受取人の指定変更権を留保する者の地位が一身専属性である点については，諸外国の立法例と同様であるといえる。

　このように，保険金受取人の指定・変更権については，日本法のように契約者の地位を承継することをもって，その権利も当然に承継する場合と，諸外国立法例のように，一定の範囲に限定する場合があるようである。それぞれの立法の政策目的は異なるであろうが，多くの立法例で当該地位に一身専属性を維持しようとする理由は何なのであろうか。この点につき，本章では，わが国の保険契約者の保険金受取人の指定についての規定について，諸外国との立法例と比較したうえで，状況の確認と課題についての整理を行い，日本法においては批判がなされている保険金受取人変更権の一身専属性について若干の考察を行うことを目的とする。

---

(6)　大森忠夫（1958）「保険金受取人指定・変更・撤回行為の法的性質」，大森忠夫・三宅一夫編『生命保険契約法の諸問題』有斐閣，99頁。

(7)　大森忠夫（1985）『保険法（補訂版）』有斐閣，279頁。野津務（1942）『保険契約法論』有斐閣，456頁。

*145*

# 第 1 節　日本法における保険金受取人の指定・変更に関する規定

## I　保険金受取人の指定

　民法の第三者のためにする契約においては，第三者が権利を取得するためには，当該第三者による受益の意思表示を権利発生要件としているが（民法537条3項），生命保険契約においては，第三者である保険金受取人は受益の意思表示を要件としないで，当然に保険金請求権を取得する[8]。

　旧商法では，保険契約締結時に保険金受取人を指定しないこともあり得ることを前提としており，保険契約の成立時後を問わず，保険金受取人を決定する場合を保険金受取人の指定，その後に新たな保険金受取人に変更する場合を保険金受取人の変更としていた。保険法上では，契約締結時に，保険契約当事者は誰かを保険金受取人と決定して契約を締結しているはずであるからという理由で，保険金受取人の指定という概念はなくなっている。ただし，保険契約の締結にあたって，保険契約の当事者である保険契約者によって指定することが必要であり，ここでは，その意味における保険金受取人の指定をいう。

　保険契約締結時の保険金受取人の指定について，保険法は40条において，契約締結時に交付する書面の記載事項に保険金受取人について定めるにとどまり，具体的な規定は設けていない。これに対して，実務においては，契約締結時に，保険契約申込書中に保険契約者が保険金受取人を記載することによって指定が

---

(8)　この点については，わが国の規定は，フランス民法，保険法と同様である。フランス法においては，受益の意思表示は効力発生要件ではなく，第三者のためにする契約が締結されれば，受益者には契約の利益に関する直接の権利が付与される。その一方で，ひとたび受益の意思表示を行えば契約者の撤回権が失われるにすぎない。フランス民法1206条，フランス保険法L.132－9条を参照。同様の規定に，イタリア民法典1920条，1921条。保険金受取人の権利は保険金受取人指定の時から生じ，保険事故発生後の受益の意思表示は，保険契約者の撤回権を喪失させるものとして機能する。

行われることが通例である。

このような，保険契約者の保険金受取人の指定については，保険者の承諾を必要としない一方的意思表示により行われる単独行為であり，形成権としての性質を有するとされる[9]。保険金受取人の指定は，原則として保険契約者の自由な意思に委ねられるが，絶対的なものではなく，保険者は，保険金受取人が誰に指定されたかを考慮したうえで契約を締結するか否かの判断をすることは妨げられないとしている[10]。

## Ⅱ　保険金受取人の変更

保険法43条1項は，保険契約者に保険事故発生前の保険金受取人の変更権が留保されていることを前提としており，この点が改正前商法と異なっている。改正前商法675条1項但書では，保険契約者が保険金受取人の変更権を留保していた場合に限って，保険金受取人の変更を認めるとしていた。

保険法が，保険金受取人の変更を認める理由としては，生命保険契約は長期間にわたる継続的な契約であるため，保険契約者と保険金受取人との間の，保険金受取人として指定した諸事情が変化した場合，保険金受取人を別の者に変更することが望ましいからであるとされる[11]。保険金受取人の変更は，保険者に対する意思表示による方法（保険法43条2項）と，遺言による方法（保険法44条）とが認められている。

契約成立後に変更権を行使する場合の保険金受取人の変更は，保険契約者の一方的意思表示により行われる。変更権の性質は，保険金受取人の指定と同様，形成権であるとされる。契約相手方である保険者に対する意思表示により行うことが契約法の一般原則に合致するとして，保険法43条2項は，保険者に対する意思表示によってするとした。なお，保険者の同意を効力要件とはしない。

---

(9)　山下・前掲注(4)，295頁。大森・前掲注(7)，279頁。

(10)　宮島・前掲注(1)，546頁。

(11)　山下・前掲注(4)，304頁。

## Ⅲ　旧商法675条2項における保険金受取人変更権の一身専属性

　旧商法675条は，「保険金額ヲ受取ルヘキ者カ第三者ナルトキハ其第三者ハ当然保険契約ノ利益ヲ享受ス但保険契約者カ別段ノ意思ヲ表示シタルトキハ其意思ニ従フ　2　前項但書ノ規定ニ依リ保険契約者カ保険金額ヲ受取ルヘキ者ヲ指定又ハ変更スル権利ヲ有スル場合ニ於テ其権利ヲ行ハスシテ死亡シタルトキハ保険金額ヲ受取ルヘキ者ノ権利ハ之ニ因リテ確定ス」と定め，保険金受取人の指定変更権を留保した保険契約者であっても，保険契約者が保険事故発生前に死亡した場合には，その地位は相続されないことが規定されていた。すなわち，保険金受取人の指定，変更権については，保険契約者の一身専属権が認められていた。その理由は，誰を保険金受取人とするかについては，立法政策論として，生命保険契約を締結した保険契約者自身に帰属せしめるのが適当であるからである[12]。ここでいう保険契約者とは，生命保険契約を締結した当初の保険契約者を指し，したがって，保険金受取人の変更権は当初保険契約者に制限されていたということである[13]。この点につき，旧商法675条2項については，契約者先死亡時に保険金受取人をその時点で指定されていた者に固定することで，それ以上の契約変動を封じて，その影響を軽減する効果があったとする評価もある[14]。

　同規定は，保険法制定時に削除されることになった。その理由として立法者は，「保険契約者が死亡した場合には，その相続人が保険契約者の地位を相続する（保険契約者となり，保険料が分割払いの場合には相続人が保険料を負担することになる。）ことから，原則どおり保険金受取人の変更をすることができるとすることが合理的と考えられる」としている[15]。保険料の支払義務という重要な出

---

[12]　大森・前掲注(7)，278頁。

[13]　大塚・前掲注(3)，231頁。

[14]　金尾悠花（2023）「指定変更権の相続制限の廃止－旧675条2項削除と対価関係－」『保険学雑誌』第661号，47頁。

[15]　法務省民事局参事官室（2007）「保険法の見直しに関する中間試案の補足説明」78頁。

第7章　保険金受取人の指定・変更に関する比較法的研究

捐に応じ保険契約者は，保険金受取人の指定変更権を当然に得ることができる
ものとされた[16]。この点につき，大塚教授は，保険金受取人指定変更権は，保
険契約者と保険金受取人との間の対価関係を形成する権利であり，保険契約者
の財産権として評価すべきであるとして批判する[17]。

## Ⅳ　保険金受取人の法的地位

　保険法は，保険金受取人の権利取得の時期について明確な規定をおかないた
め，解釈に拠ることになる。かつては保険契約者が保険金受取人の変更権を留
保している場合は，いったん指定した保険金受取人を別の者に変更できること
から，保険金受取人は保険事故発生までは保険金請求権を取得するものでなく，
保険事故が発生したら保険金請求権を取得する期待を有するにすぎないという
見解があった。ドイツ保険法においては，保険金受取人の指定撤回権が留保さ
れた保険契約では，保険事故発生時までは保険金受取人の権利は生じていない
ので（159条2項），保険金受取人は期待を有するにすぎないと解されているこ
とが影響していたとされる。ただし，現在においては，保険契約者の変更権行
使により消滅する可能性がある不安定なものであるとしても，保険金受取人は，
保険契約者による指定の時から保険金請求権を取得すると解されている[18]。

# 第2節　ヨーロッパ諸国の立法例との比較

　以上，日本法における保険金受取人の指定について概観したが，わが国立法
の特色をあきらかにするため，ヨーロッパ各国（ドイツ，フランス，イタリア）
の立法と簡単に比較してみる。保険金受取人の指定，変更権については，これ
らの国々においても規定を設けるが，どのような法理に基づくのであろうか。

---

[16]　大塚・前掲注(3)，229頁。
[17]　大塚・前掲注(3)，229頁。
[18]　山下・前掲注(4)，335頁。

*149*

## Ⅰ　ド　イ　ツ

　前述したように，保険金受取人が固有の権利を取得するのは，保険事故を条件とするとされており（159条2項），ドイツ民法331条1項においても同様の規定をおく。したがって，死亡を条件に給付がなされる契約においては，保険金受取人が固有の権利を取得するまでは，保険金受取人の指定を変更することが可能であるということになる。しかし，保険金受取人の指定撤回権をあらかじめ放棄した場合は，保険金受取人指定時に保険金請求権を取得することになる。この点について，ドイツ保険法では，保険金請求権の確定性について，撤回権の有無を1つの基準としており，受益権の強弱を撤回権の有無という基準で区別しているという[19]。

　保険金受取人の変更権について，これを契約者の一身専属権とするか否かについて，明文規定はおかないが，古くから受取人の指定，変更，撤回権をもって保険契約者の一身専属的な人格権であると解する説が有力で，多数説であるといわれる[20]。なお，保険金受取人が指定されていない場合は，保険金受取人の地位は自己のためにする生命保険契約として，契約者に帰属する。

## Ⅱ　フ　ラ　ン　ス

　フランスでは，ドイツとは対照的に，保険金受取人が固有の権利を取得するのは，保険契約締結時においてである。保険金受取人の権利は受益の意思表示によって確定し，もはや契約者によって撤回することはできない。これは，フランス民法1121条の第三者のためにする契約の規定が，そのまま保険法にも適用されており，規定例外として，保険金受取人が受益の意思表示をなした後に被保険者を殺害しようとした場合は，保険契約者は保険金受取人の指定の撤回権を有する（L.132-24）。

---

[19]　清水耕一（2020）「ドイツ法における第三者のためにする生命保険契約の固有権について」，長谷川仁彦他『保険金請求権の現代的課題』保険毎日新聞社，193頁。

[20]　大森・前掲注(6)，96頁。宮島・前掲注(1)，581頁。

第7章　保険金受取人の指定・変更に関する比較法的研究

保険金受取人の変更権は，保険契約者の属人的な権利として帰属する（L.132-9）。受益の意思表示がなされる前の保険金受取人の指定変更権は保険契約者の一身専属権である[21]。ただし，この変更権は，保険契約者が死亡した場合には，保険契約者の相続人は，保険金が受取人によって請求可能である場合，この者に受益するか否かの催告後3か月を経過した時にのみ行使することができる。

## Ⅲ　イタリア

イタリアは民商統一法典であるが，第三者のためにする生命保険の規定は1920条以下に定める。すなわち，1920条において，保険金受取人の指定は，保険契約締結時やそれ以後の指定や遺言による指定も有効とされ，保険金受取人は当該契約により固有の権利を取得する。変更の時期については，保険事故発生までとされている（1921条）。なお，保険金請求権は，保険事故発生後に保険金受取人が受益の意思表示をしたのちに確定し，保険契約者は指定を撤回することはできない（1921条1項）。また，保険事故発生前であっても，契約者が指定・変更権を書面によって放棄し，保険金受取人が受益の意思表示を契約者へ通知した場合は，保険金受取人の地位が確定する（1921条2項）。ただし，フランス法と同様，保険金受取人の指定が撤回できない場合でも，保険金受取人が被保険者を殺害しようとした場合，保険金受取人の指定は効力を失う（1922条）。ちなみに，保険金受取人先死亡の場合については，イタリアの通説では，民法1412条2項の規定を適用し，保険金受取人の相続人に保険金請求権を取得せしめることを肯定する[22]。ただし，この場合においても当然に保険金請求権を取得するのではなく，保険事故発生後の受益の意思表示が必要であり，また契約者自身は，受取人先死亡により当然に再指定が可能である。このようなことか

---

[21]　M. Picard et A. Besson（1982）*Les assurances terrestres, Le contrat d'assurance*, 5e éd, n 510, p. 796.

[22]　今井薫（2012）「イタリア法における生命保険の『被保険者』の概念」『産大法学』第46巻1号，8頁。なお，今井教授によれば，近時の学説においては保険金受取人の権利を一身専属権とみるものもあるという。

*151*

ら，近時の学説では，保険金受取人の権利を一身専属権とみるものがあるという[23]。わが国保険法の場合，保険金受取人の先死亡は，保険法46条では順次の相続人が保険金受取人の地位を承継する点と大きく異なる。

保険金受取人の変更権は，明文規定によって，保険契約者の一身専属権であるとされており，保険契約者の相続人も承継することはできない（1921条）。

# Ⅳ　小　　　括

保険法43条1項は，保険契約者に保険事故発生前の保険金受取人の変更権が留保されていることを前提としており，例外的に保険金受取人の変更権を留保していた旧商法と異なっている。これについて，保険法が保険金受取人の変更を認める理由としては，生命保険契約は長期間にわたる継続的な契約であるため，保険契約者と保険金受取人との間の，保険金受取人として指定した諸事情が変化した場合，保険金受取人を別の者に変更することが望ましいからであるとされる。

一方，ヨーロッパ諸国の立法においては，保険契約者は原則として保険金受取人の変更権を有するものの，一定の場合には変更（撤回）が許されないとする明文規定をおく点がわが国と異なっている。これについて，ドイツにおいては，保険金受取人が固有の権利を取得するまでは，保険金受取人の指定を変更することが可能であるが，反対に，保険金受取人の指定撤回権をあらかじめ放棄した場合は，保険金受取人指定時に保険金請求権を取得することになる。フランス，イタリアにおいても，保険金受取人の受益の意思表示や撤回権の放棄によって指定変更権を排除することができる。日本法では，保険金受取人の変更権については，生命保険契約が長期間にわたる継続的な契約であるため，保険契約者と保険金受取人との間の，保険金受取人として指定した諸事情が変化した場合，保険金受取人を別の者に変更することが望ましい場合がある等と説明されているが，これら諸外国の立法では，必ずしもそのようには説明されて

---

[23]　今井・前掲注[22]，8頁。

いるわけではなかった。

# 第3節　台湾，中国における立法例

以上，日本とヨーロッパ諸国の立法を確認したが，台湾，中国などのアジア諸外国においては，さらに被保険者による保険金受取人の指定・変更権を認める立法例がある。契約者でない被保険者が何ゆえに保険金受取人に関するこれらの権利を持つと考えられるのか，その法理について確認することにする。

# I　台　　　湾

## 1　台湾保険法の特徴

生命保険契約について，台湾保険法はいわゆる利益主義を採用するが，同国保険法の特長としては，他にあまり例をみない被保険者中心主義が挙げられよう。他人の生命の保険契約における被保険者についての規定では，被保険者がなした同意は，制限なくいつでも撤回することが可能であるし（台湾保険法105条2項），また，保険金受取人の指定・変更権についても，被保険者が留保する（5条）。ただし，上記のような立法でありながら，学説上は英米法と大陸法双方の立場から様々な論点について議論されているのも事実である。

台湾保険法では，第1章総則規定の第2節14条以下で，財産保険および人身保険について被保険利益の項目を設けている。英米法の利益主義の影響を受け，生命保険契約においても被保険利益を必要とするところが，わが国の立法と異なっている[24]。

被保険利益が何を指すかについてであるが，人身保険については，被保険者自身の生命，身体および健康に対する被保険者の経済的，精神的，または感情

---

[24]　ただし，後述するように，他人の生命の保険契約においては被保険者による書面の同意も要求するため，実際には英米法と大陸法両方の影響を受けているとされる。林群弼（2007）『保険法論（第2版）』三民出版，40頁。

*153*

的な利益を指す[25]。イギリス法上の厳格な被保険利益主義，すなわち生命保険契約における被保険利益を経済的利益に限定する立法ではなく，アメリカ法にみられるような，血縁関係や愛情関係なども含む，拡大された被保険利益概念を取り入れている。105条の被保険者の書面同意の規定など，アメリカ法の影響が強いことが窺える。

　生命保険における被保険利益の機能についての理解も英米法と同様である。すなわち，賭博契約と区別し，モラル・ハザードを防止する機能である。一般的には，被保険者と契約者との間に，血縁関係や愛情関係，経済的な利害関係があれば，モラル・ハザードを程度防止できると考えられるが，一方で，実際にモラル・ハザードを発生させるのもまた，上記のような当事者間関係によることが多い。被保険利益によるモラル・ハザード防止機能は限定的であるとし，先に述べたように，被保険者の書面による同意も要求する（105条）。

　16条では，生命保険契約において被保険利益を有する者が列挙されている。生命保険において被保険利益を有するとされる者は，①本人とその家族，②生活費や教育費の扶養義務者，③債務者，④本人のために財産または利益を管理する者である（16条）[26]。なお，台湾保険法が利益主義を採用したのが1937年改正法であり，その当時から列挙事由の変更はない。

　17条は，被保険利益を有しない場合の保険契約についての規定である。保険契約者または被保険者が保険の目的について被保険利益を有しない時は，保険契約はその効力を失うとしている[27]。したがって，16条に列挙以外の者が保険

---

[25]　葉啟洲（2019）『保険法』元照出版，94頁。

[26]　第16条「要保人對於左列各人之生命或身體，有保險利益：一　本人或其家屬。二　生活費或教育費所仰給之人。三　債務人。四　為本人管理財産或利益之人。」。この列挙事由は，アメリカ法，例えば，カリフォルニア州保険法10110条と類似する。すなわち，①本人，②扶養義務者，③債務者について被保険利益を認める。Ca. Ins. Code § 10110. "Every person has an insurable interest in the life and health of：(a) Himself. (b) Any person on whom he depends wholly or in part for education or support. (c) Any person under a legal obligation to him for the payment of money or respecting property services, of which death or illness might delay or prevent the performance.　(d) Any person upon whose life any estate or interest vested in him depends.".

第7章　保険金受取人の指定・変更に関する比較法的研究

契約を締結した場合，その契約は無効となる[28]。

　以上が生命保険契約に関する被保険利益の規定である。保険法は明文で生命保険契約に被保険利益が必要であるとするためその適用を排除できないが，学説上は，被保険利益の必要性，内容，主体，および存続期間について争いがある。

## 2　保険金受取人の指定に関する規定

　5条は，保険金受取人の定義規定であるが，保険金受取人は被保険者あるいは契約者に指定されたものとしている。他人の生命の保険契約において被保険者は独自に保険金受取人を指定することができる。一方，契約者は被保険者の同意を得なければ指定することができない。受取人の変更においても同様である。したがって，保険金受取人の指定・変更権は実質的に被保険者に帰属する。このようなことから，台湾学説は，生命保険契約における保険金受取人指定の主体は被保険者であるとする[29]。これについて若干補足すると，台湾保険法では被保険者が本来的な保険金請求権者であり（4条），また，人格権の保護，モラル・ハザードを防止する観点からも，実質的な決定権が被保険者に帰属するという。

　なお，被保険者が本来的な保険金請求権者であるとする規定に，保険金受取人先死亡における保険金請求権の帰属がある。保険金受取人の請求権は，保険事故発生時に保険金受取人が生存していることが条件であるが，台湾保険法は，保険事故発生前に保険金受取人が死亡した場合は，請求権は消滅する（110条2項）。保険金受取人の指定なく被保険者が死亡した場合には，保険金は被保険者の相続財産となる（113条）。諸外国の立法をみると，保険金受取人先死亡の保険金請求権については，かつては被保険者に帰属させていたドイツやフラン

---

(27)　第17条「要保人或被保険人，對於保険標的物無保険利益者，保険契約失其效力」。

(28)　臺北地方法院97年度保険字第41號判決では，従業員の生命について被保険利益を有しないとして，会社を契約者とする生命保険契約を無効とした。

(29)　江朝國（2009）『保険法基礎理論』瑞興圖書。

*155*

スも，現在は保険契約者に帰属させる立法となっている点と異なっている[30]。
121条は，保険契約者または保険金受取人による被保険者故殺についての規定
である。保険契約者による被保険者故殺の場合（121条２項），保険者が免責さ
れる点は，わが国保険法51条と同様である。なお，保険料積立金が２年以上支
払われていた場合，「然るべき者（應得之人）」に保険料が返戻される。立法者
によると，この「然るべき者」とは被保険者の相続人であるという[31]。その理
由は，「保険契約者または保険金受取人が保険契約の利益を剥奪された場合，
保険金賠償請求権は被保険者が回復する。ただし，既に被保険者は死亡して，
当該請求権が行使できない場合，被保険者の法定相続人がその利益を享受する
ことが適切である」としている。

　保険金受取人による被保険者故殺の場合は，当該保険金受取人の保険金請求
権が剥奪される（121条１項）。この時，他に保険金受取人が存在しない場合，
その保険金は被保険者の相続財産となる。

　以上，台湾保険法を概観した。生命保険契約に関して，台湾保険法は，徹底
した被保険者中心主義の立場をとる。人格権の保護，モラル・ハザードを防止
する観点からも，実質的な決定権が被保険者に帰属する。保険者は本来的な保
険金請求権者であり（４条），保険金受取人先死亡の場合，保険金請求権は消
滅し（110条２項），新たな保険金受取人の指定がなされなければ，保険金は被
保険者の相続財産となる（113条）。これは保険金受取人による故殺の場合も同
様である（121条１項）。なお，モラル・ハザードが問題となる他人の生命の保
険契約では，被保険者はいったんなした同意をいつでも撤回可能であり，その

---

[30]　保険金受取人先死亡の場合における保険金請求権について，保険契約者または保険
　　契約者の相続人に帰属させる立法例としては，ドイツ保険法160条３項，フランス保
　　険法典 L. 132-11条。ちなみに，イタリアではこの点につき保険法上明文規定がない
　　が，通説では一般法の規定（民法1412条２項）に基づき，保険金受取人の地位は相続
　　されると考えられるという。今井薫（2016）「イタリア法における保険金受取人の地
　　位」，『生命保険論集生命保険文化センター設立40周年記念特別号』，30頁。
[31]　立法院國會圖書館立法院法律系統「法條沿革保険法」（最終閲覧日2024年２月20日）。
　　https://lis.ly.gov.tw/lglawc/lawsingle? 000C 7B 9CE 1EF 000000000000000000032000000
　　007000000^ 04520111111500^ 00004001001

効果は契約の解除である。

## II 中国保険法

　中華人民共和国保険法（以下「中国保険法」という）は，2009年に全面的な改正が行われている。中国保険法も台湾保険法と同様，生命保険契約においても利益主義をとる。12条1項において，人保険の保険契約者は，保険契約の締結時に被保険者に対して被保険利益を有しなければならないと規定している。

　保険金受取人の指定については，39条以下に定めがあり，保険金受取人は被保険者または保険契約者が指定する。また，保険金受取人の変更権についても，41条において，被保険者または保険契約者が保険金受取人を変更できるとしている。なお，モラル・リスクを排除する趣旨から，保険契約者が保険金受取人の指定，変更権を行使するときは，被保険者の同意を得なければならないが（39条2項，41条2項），被保険者は当然に保険金受取人を指定，変更することができる。したがって，保険金受取人の指定・変更の最終決定権は被保険者にある。保険契約者は保険契約の当事者の一方であり，保険料の支払義務を負うにもかかわらず，その有する保険金受取人の指定・変更権は「提案権」にすぎず，保険金受取人の指定・変更権は実質的に被保険者に帰属する。被保険者が指定・変更に同意しなければ，保険契約者は保険契約の締結を取り止めまたは解約するしかないと解される[32]。

　中国保険法において，被保険者が保険金受取人の指定，変更をなし得る理由については，台湾保険法とほぼ同様の理由である。利益主義をとる中国保険法は，第2章保険契約第1節の総則規定において，被保険者はその財産または身体・生命が保険契約により保障を受け，保険金請求権を有する者とし（12条5項），原始的な保険金請求権者であると定める。ただし，死亡保険金については，被保険者自身が保険金請求権を行使することはできないため，保険金受取人が行使することとなる。

---

[32]　李鳴（2011）「中国保険法の人保険契約における保険金受取人をめぐる諸問題」，『保険学雑誌』第615号，207頁。

その他の理由として，生命保険契約は被保険者の生命または身体を保険事故の対象とするから，被保険者が自己の生命や健康に最も関心を持っている。したがって，被保険者が自分の生命により発生する経済的利益，すなわち死亡保険金を誰に取得させるべきかについて，当然に決定権を有する[33]。また，モラル・ハザードの観点からも，被保険者が保険金受取人の指定，変更権を有すべきであるとする。

なお，保険金受取人先死亡の場合も，台湾法とほぼ同様である。すなわち，42条1項2号において，保険金受取人が被保険者より先に死亡し，かつ，その他の保険金受取人がいない場合は，被保険者の相続財産となる。ちなみに，被保険者，保険金受取人同時死亡の場合については，保険金受取人が先に死亡したものと看做し，結果として保険金は被保険者の相続人に帰属することとなる（42条2項）。

中国保険法における保険金受取人の権利については，保険事故発生後にはじめて確定することになり，この権利は保険金受取人固有の権利であるとされる。

## Ⅲ 小 括

以上，台湾，中国保険法における保険金受取人の指定に関する立法を確認した。両国とも生命保険契約に関しては，いわゆる利益主義をとっているが，注目すべき特徴として，徹底した被保険者中心主義であることが挙げられよう。被保険者は当該生命保険契約の原始的な利益享受者であるが，被保険者の死亡を保険事故とするが故に，その利益を保険金受取人が直接的に享受する。また，人格権の保護，モラル・ハザードを防止する観点からも，実質的な決定権を被保険者に帰属させており，保険金受取人の指定・変更権についても，被保険者が留保する。被保険者は本来的な保険金請求権者であり，保険金受取人先死亡の場合，保険金は原則被保険者の相続財産として処分される。

被保険者の死亡を保険事故とする保険契約であるので，保険金受取人の指定

---

(33) 季鳴・前掲注(32)，208頁。

第7章　保険金受取人の指定・変更に関する比較法的研究

変更権は，実質上被保険者の一身専属権である。ただし，被保険者と契約者の違いはあるものの，保険金受取人の指定変更権を留保する者の地位が一身専属性である点については，日本法を除く大陸法と同様であるといえる。

# おわりに

　以上，保険金受取人の指定・変更に関する規定につき，大陸法と台湾・中国の立法例を検討した。日本法も，他の大陸法立法と同様，保険契約者が保険金受取人の指定・変更権を留保しているが，立法政策論的には，生命保険契約を締結した保険契約者自身に保険金受取人の指定・変更権を帰属せしめるのが適当であるからである[34]。この点については，他の大陸法立法と変わらない。

　日本では，保険契約者の地位はその相続人に承継され，保険金受取人の変更権についても同様であるとされ[35]，保険契約者の相続人は，保険契約が締結される背景となっていた被相続人（当初の保険契約者）の利害関係まで引き継ぐわけではなく，自らの独自の経済圏，利害関係圏のなかで自由に受取人を指定・変更することができる[36]。ただし，日本法以外の大陸法の国々では，保険金受取人の変更権は保険契約者の一身専属権とすることが多く，保険契約締結時の当初保険契約者に制限されていた[37]。いうまでもなく，生命保険契約においては契約関係者の人的関係が重要であり，保険金受取人の変更についても制限付きの権限であり，契約者の地位であるが故に当然に行使できるわけではなかった。

　一方で，台湾・中国立法は極端な被保険者中心主義をとるが，その背景は利益主義の徹底であろう。被保険者は原始的な保険金請求権者として理解され，

---

(34)　大森・前掲注(7)，278頁。
(35)　萩本・前掲注(2)，180頁。
(36)　大塚・前掲注(3)，216頁。
(37)　大塚・前掲注(3)，231頁。

したがって当然に保険金受取人の指定・変更権を留保することになる。契約関係者をみると，契約者の地位は，あたかも損害保険における「他人の計算による保険契約」と同様，本来の保険の利益享受者である被保険者のために契約を締結した者と理解できる。当然ながら，その地位が相続されることはなく，被保険者の一身専属権である。

　日本以外の立法では，保険金受取人の変更は被保険者あるいは契約当初の保険契約者に制限されており，保険金受取人の変更はあくまでも例外的な事例である。決して，生命保険契約が長期間にわたる継続的な契約であるため，保険契約者と保険金受取人との間の，保険金受取人として指定した諸事情が変化した場合，保険金受取人を別の者に変更することが望ましいからではなかった。

# 第8章
## 疾病保険における不必要入院への対応
### －ドイツ病院透明化法における
### 医療の質保証（Big Dataの活用）－

# は じ め に

　保険法は，裁判例よって洗練されてきていると思われる一方で，極めて例外的で悪質といえるようなモラル事案に対応するあまり，一般の保険金請求権者にとって不合理な判例法を形成してきているのではないかという疑問がある。

　その1つとして，疾病保険の約款や規約に規定される「入院」の該当性の判断基準に関する問題がある[1]。疾病保険の約款や規約における「入院」とは，①医師等による治療等が必要であり，かつ，②自宅等での治療が困難なため，③病院または診療所等に入り，④常に医師等の管理下において治療等に専念することとされる[2]。そこでの論点は，入院の該当性が，主治医の判断だけで基本的に認められるのか，あるいは主治医の判断だけでは足りず，一般的な医学水準に基づいて客観的，合理的に判断すべきかというものである。この議論の

---

(1)　入院の該当性に関する論文は汗牛充棟なので，最近の文献として，佐野誠（2023）「判批」福岡大学法学論叢67巻4号，949－953頁を挙げておく。

(2)　一般的な入院の定義（病気・けがを治すため，ある期間，病院に入ること）に比べると，②と④の要件が課されている点で厳格である。参考として，平尾正治（1982）「障害，疾病　手術関係の約款改定について」生命保険協会報62巻2号，52頁。

背景には，患者の症状等を最も把握しているのは主治医であろうから，その主
治医が入院の必要性を判断している以上，その判断を尊重するべきではないの
かという考え方に対して，主治医の判断が必ずしも一般的な医学水準に基づい
て客観的，合理的に判断されていないのではないかという不信感があると思わ
れる。また，一般的な医学水準に基づくといっても，医療水準には最先端のも
のから臨床や地域格差ある一般医療まで広く考えられるところ，何をもって一
般的とすべきかという問題もある[3]。

　ところで，実際の裁判例では，③の病院または診療所等に入りという施設要
件以外は明確には分けず，入院治療の必要性と専念性の有無を総合的に判断す
る傾向にあり，検査結果，傷病名，具体的治療内容とその程度から医学的な治
療の必要性（通院治療で足りるか）が判断されている。ところが，疾病保険には
「疾病の意義」について定義規定はない[4]。学説には，疾病の意義について定
義自体を論じることは給付事由との関係では意味がないという指摘がある[5]。
疾病保険において，保険給付すべきかは，支払事由に関する定めのなかの「医
師等による医療等が必要な入院」といった要件を通じてコントロールすること
になっているので，実質的には疾病か否かの判断を織り込ませているというの
が理由である[6]。

　とはいえ，疾病の意義の定義規定がなければ，日常用語として一般的に理解
される病気の意味に解されることとなり，身体の何らかの異常な状態というこ
とになるとされる[7]。したがって，患者である一般の被保険者は，主治医の判

---

[3]　保険法の実務と理論研究会編・金尾悠香（2023）『保険法の実務と理論　Q&A』
　422頁以下。保険毎日新聞社によれば，診療当時のいわゆる臨床医学の実践における
　医療水準が求められ，医療機関の性格，所在地域の医療環境の特性等の事情を考慮し
　て，当該医療機関においてその知見を有することを期待することが相当と認められる
　場合には，その知見で足りるという。

[4]　ドイツ法にも定義規定はないが，具体的な病名が挙げられている。Vgl. Wiemer,
　in：Bach／Moser, Private Krankenversicherung, 6 Aufl. § 1 MB／KK Rn. 45 ff.

[5]　山下友信（2022）『保険法』（下）221頁，有斐閣。

[6]　山下・前掲注[5]，221頁。

[7]　山下・前掲注[5]，221頁。

第8章 疾病保険における不必要入院への対応

断で入院したのであれば，当然に保険給付を受けられると期待するであろう。しかし，裁判になる事案は，——客観的には入院の必要性がきわめて疑わしい事案に限っているのではないかとの指摘があるが——[8]，被保険者が主治医の判断で入院したにもかかわらず，「一般的な医学水準に基づいた客観的，合理的な判断か」というフィルターにかけられた結果，保険給付を受けられないという場合が多い[9]。疾病保険における保険金支払実務において入院の必要性判断が容易でない事例が多くあると思われるなかで，保険金請求権者側の主張がほとんど認められないという判例法理が形成されてきている。

　その結果，患者である一般の被保険者・保険金請求権者にとっては，どのような疾病の内容で，どれほどのレベルであれば入院の必要性のある疾病かがわからず，それゆえ，主治医の判断に委ねて入院したにもかかわらず，保険給付を受けられないかもしれないという不安定な状況に置かれることになる。

　本章では，この問題の解決に向けて，検査結果，傷病名，具体的治療内容が裁判での検討材料とされていることから，まず，被保険者の疾病か否かを考慮するというやり方の妥当性について検討する。そのうえで，主治医の入院判断が「一般的な医学水準に基づいた客観的，合理的な判断」であることを担保するため，提供される病院の医療の質保証に取り組む大量の医療データを利用したドイツの病院透明化法を紹介する。

---

(8)　山下友信（2018）「判批コメント」事例研レポ317号，9頁。佐野誠（2020）「判批」事例研レポ330号，10頁以下。

(9)　長谷川仁彦・金尾悠香（2017）「入院保障保険における『入院の定義』規定－意義と課題－」保険研究69集25頁以下に66件の裁判例が挙げられている。

# 第1節　疾病概念の流動性をめぐるドイツの議論の状況

## I　静的な疾病概念

　疾病という現象の統一的な定義はない[10]。それゆえ，医学，法学あるいは社会科学の視点といったさまざまな視点により区別される。しかし，この視点による区別では荒っぽく，法学のなかでも私疾病保険法と他の法分野との間でも区別される。

　WHO（世界保健機関）による健康概念によれば，「健康とは，肉体的，精神的かつ社会的に完全に良好な状態であり，単に疾病又は病弱の存在しないことではない」とされる。しかし，これは，健康を認定するものであって，それを裏返して，疾病概念を定義づけることはできない[11]。WHOの定義付けでは，健康でない状態は疾病状態ということになり，対義語としては成立しない。

　医学の発展が疾病概念を反映できないので，ドイツ法においても疾病の法的概念はない。保険判例と学説において，疾病は，客観的に医師の判断により異常で不規則な肉体的あるいは精神的状態として，肉体的あるいは精神的機能にかなりの障害をもたらすと定義される[12]。被保険者の主観的な考えではなく，客観的基準に基づいてなされる医師の診断が重要であるとされる[13]。

　ドイツ法における疾病概念の伝統的な理解において私見が注目するのは，疾病の統一的な概念は存在しないとしても，疾病の診断については，医師が客観

---

[10]　Jan Boetius, in：FS Theo Langheid zum 70 Geburtstag, S. 29（2022）.

[11]　BSG Urt. v. 22. 4. 2015 NZS 2015, 662 Rn. 20.　医学的な病気の定義は，治療の必要性に左右されるものではない。

[12]　BGHZ 99, 228（Urt. v. 17. 12. 1986）＝ VersR 1987, 278（289）；BGHZ 164, 122；Kalis in Bach／Moser, Private Krankenversicherung, 6 Aufl., 2022, MB／KK § 1 Rn. 45.

[13]　BGHZ 99, 228（Urt. v. 17. 12. 1986）.

第8章　疾病保険における不必要入院への対応

的，合理的に診断しているということが前提になっている点である。この点，わが国のように，入院の判断について，主治医の判断と一般的な医学水準に基づく客観的，合理的判断とを分けては考えていないようにも思われる。しかし，その一方で，ドイツ各地の病院で提供される医療(14)の質には，実際上，ばらつきがあるとされ，病院の医療の質を確保し改善するための法律が求められている(15)。

## II　動的な疾病概念

次に，動的な疾病概念を提唱するBoetiusの議論を紹介する(16)。保険事故は，保険者の給付義務を根拠づける事実関係である。付保された危険が損害事故において具体化するまでには，次の局面が考えられる。

---

局面1　損害発生の原因，すなわち，損害を引き起こす出来事につながる因果関係の
　　　　始まり
局面2　損害事象の発生
局面3　損害事象の結果としての損害発生

---

どの局面が保険事故として判断されるかは，当該疾病保険の保険約款に結び付いた各保険契約から生じる。疾病保険の保険事故は，疾病の結果ではなく，疾病の結果により医療に必要な給付がなされることである。そして，それは，保険者の給付義務に関わるので，客観的な根拠に基づいて確定されなければならない(17)。

疾病保険の保険事故は，疾病の惹起や発生，疾病の初めての兆候の出現，あるいは被保険者による疾病の認識という局面ではまだ開始せず，契約期間中に医療に必要な処置もしくは診断による検査が実際になされた時をもって開始する。したがって，損害事象（疾病）と保険事故（医療給付）は，一致しない。そ

---

(14)　主治医という個人単位の用語を使わず，医療提供者とか病院により提供される医療とった，組織だったニュアンスの用語が使われる。

(15)　次節で述べる病院透明化法につながる。

(16)　Jan Boetius, a.a.O., S. 29 - 47.

(17)　Jan Boetius, a.a.O., S. 30.

*165*

れゆえ，疾病の発生時点は，さまざまな病気の潜伏期間により，かつ，通常よくわからない患者の素因により，客観的に確定できないことが少なくない。これに対して，医療が提供された日付は，客観的に確定できる。

Boetiusによれば，疾病概念は，立法の想定と判例によっても完全に不変のものであるのではなく，主要な医療上の発展に適合されることができるという，動的な疾病概念を提唱する。静的疾病概念のもとでは，例えば，告知義務制度において，過去の病気，現在の病気，健康上の障害といった状態が告知義務事項とされ，疾病概念が成立している。しかし，遺伝病の場合には，いずれにも当てはまらないため，従来告知義務に関して考えられてきた「疾病概念」ではやはり対応できない。そこで，医療上の発展に基づいて，疾病概念を広く，流動的に——動的に——捉える必要があるとする。

例えば，発症の確率が高い遺伝病については，予測的遺伝子検査[18]といえども，診断上の遺伝子検査[19]との区別はあいまいになっているので，危険に重要な事実として告知対象にもなるとしているため，以下のテーゼが出てくる。

動的な疾病概念は，例えば，ハンチントン病のケースで明らかなように，疾病保険者の給付義務にとって影響を及ぼす。

○　発症を妨げるか遅らせるために必要な医療の方法が発展したであろう場合，医療の必要性は明らかであろう。

○　ある医療が一般的に認められた医療上の基準に対応する処置としては，いまだ利用されていなくても，医療の方法が発展し，回復や他の積極的な経過の見通しが期待されるようなときには，医療の必要性は明らかであろう[20]。

---

[18]　予測的遺伝子検査は，①将来的に発生する疾病や健康障害，あるいは②子孫の疾病や健康障害の素質保有について，解明の目的を持つ遺伝子検査である。

[19]　すでに発症している疾病や健康障害についての遺伝学的原因を測定する検査のみならず，一定の外部要因や外部物質の影響と競合して引き起こす遺伝学的形質が存在するのか解明することである。

[20]　憲法は，費用の引受を課すであろう。連邦行政裁判所は，最低限の保障を給付義務の核領域に付す。

第8章　疾病保険における不必要入院への対応

○　両親の遺伝的素因がある被保険者が遺伝的欠陥を受け継ぐと予想される場合，予測的遺伝子検査の費用も補償されなければならない。それは，検査によって確認または反証されるべき疾病の疑いのある状況の診断である。

そこから，Boetiusによれば，将来的な病気の発生や健康上の毀損を示す前駆期をも危険にとって重要な事実として，医療提供者による診断が正確かつ完全であったかどうか，またその不正確・不完全な診断に基づいて実際に医療措置が開始されたかどうかは，疾病保険の保険事故の確定には関係ないという。さらに，診断検査で医療が必要な病気がまったく発見できなかったかどうかも疾病保険の保険事故の確定には関係ないという。すなわち，例えば，遺伝子診断検査が，病気の単なる疑いにより，病気でないことを確認するために行われた場合であっても，病気を知るための検査であるとして，保険給付の対象になるという[21]。

## III　小　　括

Boetiusの議論では，伝統的な静的疾病概念では捉えきれない医学の発展を踏まえて，疾病概念が広く捉えられるようになることから，動的な疾病概念というものを提唱している。すなわち，過去の病気と現在の病気だけではなく，将来的な病気の発生や健康上の毀損を示す前駆期も危険にとって重要な事実として，疾病概念を広く捉える。そのため，医療提供者の疾病の診断が正確でなくても，完全でなくても，また，病気でないことを確認するためであっても，その診断に基づいて医療の提供がなされたということが保険給付にとっての客観的な基準として重要であるとする。

もっとも，Boetiusの議論では，遺伝病を例に取り上げて，疾病概念の広がりや流動化を示し，遺伝子検査などの医療の提供に対する保険給付を主張している点には注意が必要であろう。遺伝病は，現在の疾病あるいは健康上の障害の原因を明らかにするのみならず，将来の疾病の可能性をも取り込むのである

---

[21]　Jan Boetius, a.a.O., S. 30-31. 両親に遺伝子疾患があるので，遺伝子検査を行うような場合を想定している。

*167*

から，疾病概念の拡大を示す例になるが，遺伝子検査の結果を保険会社に提供することは，原則的には禁止されている（ドイツ遺伝子診断法18条）。遺伝子情報をどのように，どこまで活用できるのかについては，厳格に規制されているにもかかわらず，すでにその利用が所与のものとして議論されていることには危惧を覚える。また，疾病概念の広がりや流動化を示す例としては，遺伝病以外の事例，例えば，診断が困難とされる精神疾患の場合には，この議論の射程が及ぶのかは検討の余地があろうかと思われる[22]。

日本の裁判例では，「入院」の該当性の判断について，被保険者の疾病か否かを考慮しているが，動的疾病概念に基づくBoetiusの議論では，医療提供者の診断に基づいて医療の提供がなされたのであれば，保険給付の対象とすべきであるということを示している。これは，被保険者の疾病か否かを入院の該当性判断の考慮要素とすることの限界を示していると思われる。もっとも，これは，医療提供者の診断が一般的な医学水準に基づいて客観的，合理的に判断されていることを前提にしていると思われる。

そこで，次に，ビックデータとシステム医療というキーワードを基礎にして，医療提供者の診断が一般的な医学水準に基づいて客観的，合理的になされているといえるために，病院で提供される医療の質の確保に努めるドイツの最近の動きを紹介する。

そもそも，一般的な保険金請求者である患者は，質の高い医療の提供を受けたいと通常，望むはずである。病院で提供される医療の質が保証されたものであれば，一般的な医学水準にあるものとして裏付けられたことになり，その「入院」の該当性の判断は信頼に足るものといえるのではないか。一般的な医学水準に基づいた客観的，合理的な医師の判断に基づいて入院の判断がなされれば，患者は安心して入院医療を受けることができ，必要な保険給付を受けることにもつながるであろう。逆に，不要な医療が提供されないならば，不要な保険給付を防ぐことができるかもしれない。

---

[22] 参考，拙著（2014）『遺伝子検査と保険 ―ドイツの法制度とその解釈』千倉書房。

第8章　疾病保険における不必要入院への対応

# 第2節　病院透明化法

　ドイツ連邦議会において2023年10月19日に議決された「病院透明化法」は，「提供される病院の医療と質的側面に関するデータの開示」によって，病院の医療の質を保証し，入院に値する医療が行われたのかを示すものである[23]。

　本法の背景として，連邦政府と各州は，病院の慢性的な財政難を回避し，質を向上させることを目的とした大規模な病院改革の共通路線について議論してきた[24]。

　本法は，病院の医療の開示のための基盤となるものである。患者は，どの病院がどのような医療を提供しているのか，またその病院が，質や医療・看護スタッフの面でどのような実績を上げているのかを知ることができるようになる。患者は，自分の医療が本当に必要なものであり，かつよい医療がなされると信頼することができるようになるとされる[25]。

## I　病院透明化法の目的[26]

　病院透明化法の立法者の問題意識と目的として，ドイツでは患者のニーズを重視した質の高い病院の医療の提供を確保するためには，病院の医療の質と透明化に関する既存のシステムをさらに発展させる必要があるとされる。

---

[23]　Krankenhaustransparenzgesetz, Deutscher Bundestag Drucksache 20／8408（20. Wahlperiode 19. 09. 2023）． Krankenhaustransparenzgesetz（bundesgesundheitsministerium. de）なお，連邦参議院では，州の代表者からの批判があり，承認を得られていなかったが（11月27日のBeckのニュースレター），2024年3月27日に成立した（BGBl. 2024 I Nr. 105）。

[24]　becklink 2027701． 病院改革には，脱経済化，医療の質の保証と向上，そして制度の脱官僚化という3つの中心的目標がある。さらに，供給の安定（一般向け医療の提供）の確保も重要な関心事である。なかでも，医療はもはや量ではなく質が重要であるとする。

[25]　Krankenhausreform（bundesgesundheitsministerium.de）

[26]　Deutscher Bundestag Drucksache 20／8408, Begründung, S. 13.

*169*

病院の質志向とは，独立した科学的知見に基づいて質要件を確定・測定する
だけでなく，その結果を明確な形で，一般市民にもわかりやすい言葉で開示す
ることである。質志向の患者を支援するために，誰でも容易にアクセスでき，
利用しやすい病院の医療の質の記録簿（リスト）のようなものを作成すること
である。患者や紹介医は，どの病院がどのような医療を，どのような質で提供
しているのかを知らされる。実際のところ，質報告に関する現行の規制は，病
院の医療の質について一般市民に十分な情報を提供するには不十分であること
は明らかである。病院の医療の質に関する一般市民への情報提供は，利権がら
みの，偏ったあるいは理解しがたいものであってはならない。2023年7月10日，
連邦政府と各州は，病院改革のための共通点で折り合い，連邦政府が患者への
情報提供と教示のために，ドイツの病院の医療の提供と質的側面に関するデー
タを開示することに合意した。

　連邦保健省は，ドイツの病院によって提供される医療と質的側面に関して，
一般市民に最新情報を提供し，患者に教示するため，「透明化リスト」として
インターネット上に開示する。そのため，病院は，提供される医療による階層
的分類（ランク付け）がなされ，病院の所在地ごとに診療科目（Leistungsgruppen）
の配置が透明性をもって開示される。これにより，一般市民はそれぞれの病院
で提供される医療について適切な情報を得る機会が与えられ，各医療について
自分の判断で質を重視した選択をすることができるようになる。

## Ⅱ　病院透明化法の内容[27]

　病院透明化法は，ドイツにおける病院の医療の質の透明性を持続的に強化す
るものである。これは基本的に，透明化リストの作成，運営および開示によっ
て達成される。すべての患者にとって病院での医療を透明化するために，2024
年4月1日以降，透明化リストには，病院所在地，提供される医療，スタッフ
配置，質的側面に関する一般市民に理解しやすい情報が，個人を特定すること

---

(27)　Deutscher Bundestag Drucksache 20／8408, Begründung, S. 13.

170

なく，誰でも容易にアクセスでき，利用しやすい方法でインターネット上で開示される。透明化リストは連邦保健省が発行する。その基礎となるのは，医療の質保証と透明化研究所（IQTIG）と病院報酬システム研究所（InEK）による必要データの作成である[28]。

各病院によって提供される医療のさまざまな内容は，65の診療科目に分類される。これらの診療科目は全国的に標準化され，病院がこれらの医療を提供するために最低限満たさなければならない質要件が設定され，チェックされる。これによって医療の質が向上する。将来的には，技術的な設備と専門的な医療・看護スタッフを有する病院のみが医療を提供できるようになる[29]。

IQTIGは，連邦合同委員会（Gemeinsamer Bundesausschuss，G-BA）を設立者とする医療の質保証と透明化のための私法上の法的能力を有する財団によって運営されている[30]。IQTIGには，品質向上対策の実施における方法論と手続きに関する専門知識と長年の経験が蓄積されているため，透明化リストに必要なデータを確実に構築し，評価し，さらに発展させるのに特に適しているとされる。

IQTIGは，透明化リストに必要なデータ処理を行う。IQTIGが，データに基づく各病院の質保証のどのデータが患者に関連し，透明化リストに掲載するのに適しているかの選択を行うと述べている。IQTIGは，透明化リストの目的のためのデータとInEKのデータと統合している（社会保険法135d条２項）。

透明化リストに記載される情報として，現在のところ以下の内容が考えられている（社会保険法135d条３項）。

---

(28)　病院には，データの提供が義務付けられている。

(29)　連邦保健省HP：病院透明化法の説明。
Krankenhaustransparenzgesetz（bundesgesundheitsministerium.de）

(30)　IQTIGはもともと，G-BAの委託で，医療の質保証の施策と医療制度における医療の質の提示のための施策について，独立的かつ科学的に取り組むために，かつ，質保証のための施策に関する判断根拠をG-BAに提供するために設立された。

⑴　**診療科目による提供された医療**

　診療科目による提供された医療として，次表のように65の診療科目が考えられている[31]。

| 内　科 | 内　科 | 外　科 | その他 | その他 |
|---|---|---|---|---|
| 一般内科 | 一般外科 | 特殊外傷科 | 眼科 | 小児血液・腫瘍学－白血病とリンパ腫 |
| 複合内分泌学・糖尿病学 | 小児・思春期外科 | 脊椎手術 | 皮膚及び性病 | 耳鼻咽喉科 |
| 感染学 | 特殊小児・思春期外科 | 胸部外科 | 顎関節症 | 人工内耳 |
| 複合消化器病学 | 形成外科と再建外科 | 肥満外科手術 | 泌尿器科 | 脳神経外科 |
| 複合腎臓内科 | 腹部大動脈瘤 | 肝臓治療 | 一般婦人科 | 一般神経学 |
| 複合肺疾患 | 頸動脈手術／治療 | 食道手術 | 卵巣CA | 脳卒中 |
| 複合リウマチ | 複雑末梢動脈血管 | 膵臓外科 | 乳房学 | 神経早期リハビリテーション（NNF，B期） |
| 幹細胞移植 | 心臓外科 | 直腸深部手術 | 出産 | 老年医学 |
| 白血病とリンパ腫 | 小児・思春期心臓外科 | | 周産期医療 | 緩和医療 |
| 電気生理切除 | 人工股関節 | | 周産期センターレベル1 | 腸，心臓，肝臓肺移植 |
| 治療的循環器内科 | 人工膝関節置換術 | | 周産期センターレベル2 | 腎臓・膵臓移植 |
| 心臓機器 | 再置換人工股関節 | | 一般小児科・思春期医学 | 集中治療 |
| 低侵襲心臓弁膜症治療 | 修正人工関節 | | 特殊小児科・思春期医学 | 救急医療 |

---

(31)　Vgl. Taylor Wessing, Krankenhausreform 2024：Sprungbrett oder Stolperstein?
https://www.taylorwessing.com/de/insights-and-events/insights/2023/10/krankenhausreform-session-5

第8章　疾病保険における不必要入院への対応

## (2)　各医療の提供レベルの分類

　各医療の提供レベルの分類として，病院のランク付けを表で示す（社会保険法135d条4項）。

| 段階的分類 | 要　　　件 |
|---|---|
| Level　3U | 大学病院<br>少なくとも5つの内科診療科目，少なくとも5つの外科診療科目<br>集中治療科目<br>救急医療科目<br>さらに8つの診療科目 |
| Level　3 | 非大学病院<br>少なくとも5つの内科診療科目，少なくとも5つの外科診療科目<br>集中治療科目<br>救急医療科目<br>さらに8つの診療科目 |
| Level　2 | 少なくとも2つの内科診療科目，少なくとも2つの外科診療科目<br>集中治療科目<br>救急医療科目<br>さらに3つの診療科目 |
| Level　1n | 一般内科診療科目<br>一般外科診療科目<br>集中治療科目<br>救急医療科目 |
| Level　F | 専門病院<br>所轄の病院計画当局によってこのレベルに指定された場合，特定の疾患，疾患群または患者集団の治療を専門とする。 |
| Level　1i | 分野横断的医療施設<br>非救急医療<br>所轄の病院計画当局による指定 |

## (3)　各病院の人員配置

　各病院における人員配置には，看護スタッフと医療スタッフの両方が含まれる。これは，例えばパーセントを提供することで，一般市民が各病院の実際のスタッフ稼働率を比較できるようにするためのものである。人員配置は，病院

*173*

報酬法21条３ｄ項に従い，InEKがIQTIGに提出したデータに基づく。

# Ⅲ　病院透明化法に対する評価

　病院透明化法が，提供される医療の質と透明化によって，患者の入院医療の決定基準になるという方向性にはおおむね賛成の意見が多い。私保険団体も，基本的には提供される病院の医療の透明化が患者にとって有益であるとして——保険給付の抑制につながるといった直接的な記述はないが——賛成する[32]。その一方で，具体的な内容については批判が多い[33]。

- ○　患者への情報提供を目的とした透明化と，医療の質を向上させるための透明化を同列に扱うのは間違っている。透明性の向上と医療の質との因果関係は，科学的に証明されたものではなく，むしろ開示や報告という仮定の概念に基づいている。望まれる透明化（および計画された改革プロセスの両方）に関して，技術的に正当化され，一律ではない区別された基準も必要である。

- ○　何が患者にとって重要な情報なのかが問題であるが，診療科目に関する具体的な規定は依然として不十分であり，患者は開示されたものから信頼できる質情報を得ることはできない。また，症例数の違いによる専門的な関連性は，診療科目によってかなり異なることや症例数と人員配置や病院のレベル付けから，質の比較が簡単にできるわけではない。どの程度の人員配置が本当に患者の医療に十分なのか，という点については未解決のま

---

[32] Verband der Privaten Krankenversicherung e.V（PKV）の見解，https://www.pkv.de/positionen/gesetzentwurf-der-fraktionen-spd-buendnis 90/die-gruenen-und-fdp-fuer-ein-krankenhaustransparenzgesetz/

[33] Bundesärztekammerの見解，https://www.bundesaerztekammer.de/fileadmin/user_upload/BAEK/Politik/Stellungnahmen/Krankenhaustransparenzgesetz_GE_SN_BAEK_25092023.pdf

　　Verband der Universitätsklinika Deutschlands（VUD）の見解，https://www.uniklinika.de/fileadmin/user_upload/pdf/23-09-25_VUD-StN_Gesetzentwurf_KH-Transparenzregister.pdf

　　Sozialverband VdK Deutschland e.V.の見解，https://www.vdk.de/deutschland/pages/der_vdk/81684/stellungnahmen；Taylor Wessing，a.a.O.；PKV，a.a.O.

第8章　疾病保険における不必要入院への対応

まである。

○　病院をランク付けて分類することにも疑問がある。病院のランク付けは基本的に診療科目の数によって定義されるが，医療上意味のある診療科目の組み合わせが重視されなければならず，診療科目の数が重視されてはならない。診療科目数との関連付けは，病院が診療科目を増やすという誤ったインセンティブを生むことになる。すなわち，大きな病院が，（質の高い医療を提供している）小さな病院よりもよいとの印象を引き起こしてしまう。

○　情報の選択や処理という膨大な作業には，技術上のコストとともに病院の通知義務などの官僚主義的コストがさらにかかること，さらにIQTIGの能力や独立性も懸念されている。透明化の開示は，十分な根拠があり，科学的に発展されたリスク調整（Risikoadjustierung）された質の評価に基づいていなければならない。

○　診療科目の導入によって，直ちに質が保証されることとはならないという，時間的不整合性という問題もある。すなわち，開示された情報と患者に実際に提供される医療とが一致するものではない。

以上のように，本法律には，具体的な質保証の実施方法，開示情報と患者に実際に提供される医療との不一致の可能性，法の適用される病院の限定など，様々な改善点があるが，質の保証された病院の医療の提供は，保険会社によるモラルリスクの審査を経る必要もなくなるであろうことから，保険給付の安定化につながり，病院の医師の判断を信頼した患者である保険金請求者側の期待が保護されることになる。


# むすびにかえて


本章は，疾病保険の約款や規約に規定される「入院」の該当性の判断基準に関して，主治医の判断だけで基本的に認められるのか，あるいは主治医の判断だけでは足りず，一般的な医学水準に基づいて客観的，合理的に判断すべきか

175

という問題の解決のための可能性を探ってきた。この問題の背景には，主治医の診断が，必ずしも一般的な医学水準に基づいて客観的，合理的に判断されていないのではないかという不信感があるという観点から，一般的な医学水準に基づく客観的，合理的な主治医の診断の質保証する可能性のあるドイツ法の動向をフォローしてきた。

　そこで，まず，主治医の診断が一般的な医学水準に基づいて客観的，合理的なのかについて，裁判例では，被保険者の疾病状況が考慮されているので，その方法の有効性について検討した。ドイツの疾病概念に関する議論では，医学の進歩により疾患やその素因が発見しやすくなり，発病していないが，入院が必要な場合のように，疾病概念が拡張しているとして，いわゆる疾病であろうがなかろうが，医療提供者の診断に基づいて医療の提供がなされたのであれば，保険給付の対象とすべきであるという考え方がある。それによるならば，被保険者の疾病状況を入院の該当性判断の考慮要素とすることには，限界があるのではないか。

　しかし，このためには，医療が客観的，合理的に提供されているという基盤が必要である。そこで，各病院の医療内容などの大量の医療データを処理して，透明化された情報を一般の人にわかりやすく開示することによって，質保証のある医療の内容を知ることができるドイツの病院透明化法の取組みをフォローした。確かに，同法のような取組みを参考にしたとしても，当該被保険者の「医療に必要な入院」それ自体を判断するツールとして直接使えるわけではない。しかし，「提供される病院の医療と質的側面に関するデータ」は，——実際の運用の局面ではまだ問題が多いが——客観的，合理的に入院に必要な医療が提供される病院なのか，判断材料となるのではないかと思われる。

　本来，患者にとって入院などの医療提供を受ける場合には，どのような内容と質の医療が提供されるのかといったことが関心事のはずであり，その情報が開示されることによって，医療の内容や質が客観的に示される。おそらく，これにより，主治医という個人ではなく病院単位での医療の提供ということになると思われる。それは，反射的に，医療提供者から提供される医療において，

第 8 章　疾病保険における不必要入院への対応

不必要な入院という合理的に説明できないような入院の判断を防止することに
つながるのではないか。

## ＜著者紹介＞

**石田　成則**（関西大学政策創造学部教授）

1986年慶應義塾大学商学部卒業，1988年慶應義塾大学大学院商学研究科修士課程修了，1991年慶應義塾大学大学院商学研究科博士後期課程修了。
1991年山口大学経済学部専任講師を経て，2000年山口大学経済学部教授。
2015年関西大学政策創造学部教授，現在に至る。2009年商学博士（早稲田大学）。
編者，第3章担当。

**安井　敏晃**（香川大学経済学部教授）

1990年早稲田大学商学部卒業，1992年早稲田大学大学院商学研究科修士課程修了，1995年早稲田大学大学院商学研究科博士後期課程単位取得退学。
1995年香川大学経済学部専任講師，2007年香川大学経済学部教授，現在に至る。
編者，第4章担当。

**田中　隆**（兵庫県立大学政策科学研究所長・教授）

2007年神戸商科大学大学院経営学研究科博士後期課程修了。博士（経営学）取得。
2007年兵庫県立大学経営学部専任講師，2010年兵庫県立大学経営学部准教授，
2018年兵庫県立大学経営学部教授，2019年兵庫県立大学国際商経学部教授。
2022年兵庫県立大学政策科学研究所教授，2023年兵庫県立大学政策科学研究所長，現在に至る。
編者，第2章担当。

**神田　恵未**（愛知学院大学商学部准教授）

1998年遼寧大学国際経済学部卒業，2007年慶應義塾大学大学院商学研究科修士課程修了，2012年慶應義塾大学大学院商学研究科博士後期課程修了。
2014年大阪樟蔭女子大学学芸学部専任講師を経て，2024年愛知学院大学商学部准教授，現在に至る。
第1章担当。

**山本　祥司**（（株）トムソンネット　シニアビジネスパートナー）

1978年神戸大学法学部卒業。
1978年第一生命保険相互会社入社，資産運用部門，個人保険営業部門，国際保険部門，ロンドン駐在を経て，第一生命経済研究所出向。2020年退職。
2020年（株）トムソンネットに参画。
2022年千葉商科大学商経学部非常勤講師，現在に至る。
第3章担当。

永野　博之 （(公財) 生命保険文化センター保険研究室調査役）

1996年一橋大学商学部卒業。
1996年 (財) 生命保険文化センター入社 (2011年より公益財団法人に移行)，調査部 (のちに生活研究部に改称)，企画総務部 ((一社) 生命保険協会出向) を経て，2011年より現職。
第3章担当。

前田　秀樹 （エフピー研究会有限会社代表取締役）

石油製造販売会社，外資系生命保険会社勤務を経て，エフピー研究会有限会社代表取締役 (現職)。
この間，山口大学非常勤講師などを務める。
第5章担当。

泉　裕章 （住友生命保険相互会社コンプライアンス統括部担当部長）

1991年神戸大学法学部卒業，2019年神戸大学大学院法学研究科博士課程後期課程 (高度専門法曹コース (トップローヤーズ・プログラム)) 修了。
1991年住友生命保険相互会社入社，現在に至る。
第6章担当。

菊池　直人 （高知県立大学文化学部准教授）

1996年京都産業大学法学部卒業，1999年京都産業大学大学院法学研究科修士課程修了，2007年京都産業大学大学院法学研究科博士後期課程単位取得退学。
2009年高知短期大学社会科学科専任講師。2015年高知県立大学文化学部准教授，現在に至る。
第7章担当。

清水　耕一 （神奈川大学法学部教授）

1994年京都産業大学法学部卒業，1996年京都産業大学大学院法学研究科博士前期課程修了，1999年ドイツ・パッサウ大学LL.M，2003年大阪大学大学院法学研究科博士後期課程修了　博士 (法学)（大阪大学）。
2003年海上保安大学校専任講師を経て，2014年神奈川大学法学部教授，現在に至る。
第8章担当。

## 激動する時代に活きる保険
―保険商品・販売チャネル・事業組織の変革―

2025年1月20日 初版発行

| 編著者 | 石田成則 | 安井敏晃 | 田中　隆 |
|---|---|---|---|
| 著　者 | 神田恵未 | 山本祥司 | 永野博之 |
|  | 前田秀樹 | 泉　裕章 | 菊池直人 |
|  | 清水耕一 |  |  |

発行者　大坪克行

発行所　株式会社 税務経理協会
〒161-0033東京都新宿区下落合1丁目1番3号
http://www.zeikei.co.jp
03-6304-0505

整　版　税経印刷株式会社
印刷所　光栄印刷株式会社
製本所　牧製本印刷株式会社

本書についての
ご意見・ご感想はコチラ

http://www.zeikei.co.jp/contact/

本書の無断複製は著作権法上の例外を除き禁じられています。複製される場合は，そのつど事前に，出版者著作権管理機構（電話03-5244-5088，FAX03-5244-5089, e-mail : info@jcopy.or.jp）の許諾を得てください。

JCOPY ＜出版者著作権管理機構 委託出版物＞
ISBN 978-4-419-06998-8　C3034

© 石田成則・安井敏晃・田中隆 2025 Printed in Japan